HOVAWART

Hovawart

von Gudrun Beckmann

CADMOS
HUNDEBÜCHER

Gestaltung: Ravenstein Brain Pool
Druck: Grindeldruck, Hamburg

Printed in Germany

ISBN 3-86127-709-3

Ein Hova-was?

Seit Jahrzehnten gehört der Hovawart zu den beliebtesten Hunderassen hier zu Lande: In der Dauer-Hitliste der Rassen steht er immer irgendwo zwischen Platz 12 und Platz 15. Und eigentlich sollten er und sein Name genauso bekannt sein wie Collie, Berner, Dobermann. Aber das sind sie nicht.

Wer mit seinem Hovawart durchs Land spaziert, der braucht deshalb erst einmal selber ein dickes Fell. Er hat sich zwar eine seit mehr als 60 Jahren international anerkannte Rasse gekauft, vom traditionsbewussten Züchter und aus einem traditionsbewussten Verein. Aber sobald er sich mit seinem Hund in der Öffentlichkeit zeigt, erntet er nicht nur bewundernde, sondern auch erstaunte Blicke. Und irgendwann kommt unweigerlich der als Kompliment gemeinte Satz: „Das ist aber ein schöner Mischling!" oder - falls der Hovawart blond ist: „Ein Golden Retriever, gelle?" - „Nein," sagt der stolze Hovawart-Besitzer und zieht sein Kerlchen, das schon die Schultern strafft, sicherheitshalber näher an sich, „das ist ein Hovawart." Und spätestens nach der dritten Begegnung weiß er ganz genau, was nach dieser Auskunft kommt. Es kommt die erstaunte Frage: „Ein Hova-was?"

Ein Hovawart? Was ist das?

Ein Hovawart ist ein Hofwart. Und sein seltsam fremdartig klingender Name ist nichts anderes als eine uralte Berufsbezeichnung, die die Erfinder der Rasse vor vielen Jahren in das damals so beliebte „Starkdeutsch" übersetzten. „Hovewart", „Hofward" nannte man schon im Mittelalter die großen Hunde, die ruhig, aber kompromisslos den Bauernhof beschützten, und unterschied sie damit von den kleineren, temperamentvolleren „Rattlern", „Mistbellern" und „Kötern", die die Kate des Kleinbauern bewachten.

Die Hovawarte gehören zur großen Gruppe der Lagerhunde. Lagerhunde - groß, kräftig und schlappohrig - gab es im

Ein dunkler Hovawart wird selten erkannt und der blonde Hovi meist mit einem Golden Retriever verwechselt.
Foto: G. Abels

Bereich der eurasischen Hochgebirge von den Pyrenäen bis zum Himalaya schon seit mehr als 10.000 Jahren. Sie waren langzotthaarig im kalten, trockenen Gebirge, eher kurzhaarig in den regenreichen Lagen und in den wärmeren Tälern. Sie waren eher dunkel in den schattigen Wäldern und eher hellhaarig in den sonnendurchglühten Höhen. Im Laufe der Jahrtausende entwickelten sich aus diesen der Umwelt angepassten Naturschlägen eigene, unterschiedliche Regionalrassen. Und im Hohen Mittelalter, vor 800 Jahren etwa, unterschied man bei uns drei verschiedene Lagerhunde. Man kannte

- die Küherhunde: kurzhaarig und meist

rot- oder schwarzbunt wie die Kühe. Sie begleiteten die Rinder auf die Alm und zurück, sie trieben die Herden zu den Viehmärkten und zum Schlachter. Sie waren kräftige Kerle, gelassen genug, um die Tiere nie in Panik zu bringen, aber doch durchsetzungsfähig genug, um zur Not auch in Sekundenschnelle mit einem aufmüpfigen Bullen fertig zu werden.

- die Schafrüden: zotthaarig und hell wie Schafe oder grau wie Ziegen. Sie trieben nicht, sie wandelten mit den grasenden Herden mit und passten auf. Sie waren sanft wie Schafe - aber zur Not und im Handumdrehen auch ausgesprochen „rüde", und beschützten ihre Herde gegen jeden Bär, Wolf, Luchs und zweibeinigen Räuber.
- die Bauernrekel: langzotthaarig und in allen Farben. Sie waren ungehobelte, schlaksige Burschen, „rekelten" sich den ganzen Tag nur irgendwo auf dem Hof herum. Aber wenn etwas Ungewöhnliches passierte, reckten sie sich kurz und stellten als unbestechliche „Recken" Recht und Ordnung wieder her.

Der alte Hofwart

Bauernrekel, Hofwarte gab es überall, wo es große Bauernhöfe und irgendetwas zu beschützen gab. In der mittelalterlichen Literatur werden sie immer wieder erwähnt. Bilder finden wir von ihnen allerdings kaum. Auch auf dem berühmten Dürer-Bild „Ritter, Tod und Teufel", das Hovawart-Liebhaber gerne als das „älteste Hovawart-Bild" zitieren, dürfte kein Hofwart abgebildet sein. Und das aus zweierlei Gründen: Zum einen ist und war der „hovewart" nun mal ein Bauernrekel und kein Herrenhund. Die Ritter hielten sich eigens gezüchtete, sanfte Jagdhunde oder „edle Winte". Zum anderen: Ein ausgewachsener Hovawart ist viel zu groß und viel zu dominant, um sich zwischen und unter Pferdebeinen einzusortieren.

Viel Hovawart-typischer, im Äußeren und im Verhalten, sind dagegen die beiden Hunde, die Hans Sebald Beham (1500-1530) auf einem seiner Bauernkriegsbilder darstellt: Eine Horde von Landsknechten hat eine Bauernfamilie mitten auf dem Feld überfallen. Einer der Hunde, groß, schlappohrig, mit Mähne und „Höschen", springt - wie jeder Hovawartrüde in derselben Situation das noch heute täte - dem Mann an den Arm, der sich „sein Frauchen" gegriffen hat, während der andere Hund, wohl die Hündin, sich erst einmal Schutz bietend zwischen Angreifer und fliehende Kinder drängt, ehe sie/er, von unten her abduckend, dem Kerl an die Hose geht, der „Herrchen" angreift.

Hovawarte waren Bauernhunde. Sie sollten Haus, Hof und Vieh beschützen, unter allen Bedingungen, rund um die Uhr und zu jeder Jahreszeit. Und sie taten das auch. Sie taten es solange, bis Vater Staat sich einmischte und mehr und mehr eigenhändig den Schutz seiner Untertanen übernahm. Mit den freien Bauern, die sich selbst verteidigen mussten, verschwand auch der alte, verteidigungsbereite Bauernhund. Die großen, ungehobelten Bau-

Sebald Beham (1500-1530): „Überfallene Bauern im Kampf mit Landsknechten" – das vielleicht älteste Bild zweier alter Hofwarte (Ausschnitt). *Foto: Bildarchiv preuß. Kulturbesitz*

ernrekel mussten nach und nach ihre altangestammten Plätze frei machen für „neumodischere", führigere Hunde. Und sie überlebten, nicht nur hier zu Lande, eigentlich nur noch in abgelegenen, menschenfernen Gebieten, in denen Vater Staat nicht rund um die Uhr einsatzbereit war. Vor 100 Jahren gab es „den alten hovewart" kaum noch. Er existierte nur noch in den Köpfen einiger Leute. Dass es ihn heute in neuer Form wieder gibt, das ist eine eigene, komplizierte Geschichte.

Die Väter des Hovawarts traten an, um einen „Germanenhund" zurückzuzüchten. Es hat dem Hovawart bis zu 30 Prozent Schäferhund-Anteil beschert.
Foto: G. Abels

Die Anfänge der Zucht

Wer die Geschichte des modernen Hovawarts erzählen will, hat gar keine Chance: Er tritt - ob er will oder nicht - immerzu von einem Fettnäpfchen ins nächste. Wir wollen deshalb dieses noch heute ideologisch so heiß umkämpfte Feld im Sauseschritt durcheilen und uns nur dort kurz aufhalten, wo es zum Verständnis der Geschichte nötig ist.

Die Suche nach dem Ur-Hund

Am Beginn dieser Geschichte steht - wie sollte es anders sein? - der romantisch-nationalistische Zeitgeist der letzten Jahrhundertwende und die tümelnde, fast mystische Suche nach dem Ur-Hund, dem Urvater aller Haushunde. Auch Bertram König war auf der Suche nach ihm, und er glaubte ihn in dem alten Hofwart gefunden zu haben, in den letzten großen „Bauernrekeln", die vor 100 Jahren noch die einsamen Weiler im Harz bewachten. Diese alten Hofwarte, so meinte König, seien nichts anderes als die letzten Überlebenden des „uralten Germanenhundes", des ersten „Ur-Hofhundes", den „die Vorväter" „in grauer Vorzeit" gezüchtet und mitgebracht hätten und aus dem dann alle anderen Hunderassen entstanden sind.

Der alte Hofwart als Urvater wenigstens aller großen Hunde, das war damals eine beliebte Vorstellung: Auch der Freiherr von Stephanitz, der Ziehvater der Deutschen Schäferhunde, sah im alten, schlappohrigen Hofwart den „Ur-Hofhund", den „Urvater" aller stehohrigen Schäferhunde. Und Richard Strebel beschreibt 1905 in seiner zweibändigen Enzyklopädie „Die Deutschen Hunde und ihre Abstammung" das alte „Bauernrekel" mit Schlappohren und Fahnenschwanz - und nennt ihn kurzerhand den „Deutschen zotthaarigen Schäferhund". Nun weiß man ja heute, dass es „den Germanenhund an sich" genauso wenig gab wie „den Germanen an sich". Die Germanen kamen vor rund 2.000 Jahren sippenweise, stammweise, und jeder Stamm brachte seine eigene Sprache, seinen eigenen Hund mit. Außerdem: Große Schlappohr-Hunde (Lagerhunde) gab es im Bereich der eurasischen Hochgebirge schon vor 10.000 Jahren. Germanen aber nicht.

Und genauso wenig wie der moderne Hovawart die Rekonstruktion des Ur-Germanenhundes ist, genauso wenig ist er der Ur-Schäferhund. Schäferhunde kamen erst vor etwa 300 Jahren nach Mitteleuropa. Sie kamen mit den großen Schafherden aus den Mittelmeerländern, und sie wären - als sich die Schafzucht im großen Stil als unrentabel erwies - wohl auch wieder mitsamt den großen Herden verschwunden, wenn nicht der Freiherr von Stephanitz in ihnen die idealen Gebrauchs- und Diensthunde entdeckt und sie weltweit populär gemacht hätte. Dass er dann diesen bei uns relativ neuen Rassen und hier zu Lande unbekannten Hunden eine uralte Geschichte anhängte, ist - menschlich gesehen - verständlich. Dass viele ihm das bis heute noch glauben, schon weit weniger: Hovawart und Schäferhund unterscheiden sich nicht nur im angeborenen Wesen, sie unterscheiden sich auch äußerlich. Und diesen Unterschied kann man mit geschlossenen Augen fühlen:

Ein Hovawart, ein Bauernrekel, hat Schlappohren und ein seidiges Fell. Immer. Ein Schäferhund nie.

Merke: Nicht jeder Hirte ist ein Schäfer, und nicht jeder Hund, der bei Schafen „Dienst tut", ist ein Schäferhund. Er kann auch ein Schafrüde, ein Schafhund, ein Hirtenhund oder - ein Bauernrekel sein.

Was ist ein „Schutzhund"?

Bertram König wollte diesen „Ur-Hofhund" wieder zurückzüchten und begann dieses Vorhaben mit Bauernhunden aus seiner Heimat, dem Harz. Schon 1910 fuhr er mit einem „Hovawart" in die Schweiz, um ihn stolz dem Ziehvater aller Schweizer Sennenhunde, Albert Heim, vorzustellen. Doch Heim war nicht sehr beeindruckt. Er hielt den ihm vorgeführten Hovawart für einen Sennenhund leichten Typs: „Ein Berner-Setter-Mischling, oder?"

Der Erste Weltkrieg unterbrach alle Rückzüchtungspläne. Aber gleich danach nahm Bertrams Sohn Kurt F. König die väterlichen Pläne wieder auf. Er gründete in Treseburg im Harz seinen Zwinger „Zootechnische Station Thale". Er kaufte schlappohrige „Hofwarte" bei Bauern im Harz, im Odenwald, im Schwarzwald, so genannte „Typhunde", und kreuzte die mit anderen Lagerhunden: mit Landseern, Neufundländern, Leonbergern, Bernern, mit ungarischen und polnischen Hirtenhunden. König war das Äußere seiner Hunde ziemlich egal. Sein Ideal war der alte, zuverlässige Hofwächter, freundlich und gelassen in der Familie, tolerant gegenüber allem, was in Haus und Hof kreucht und fleucht, aber nach außen hin aufmerksam und misstrauisch: ein geborener Schutzhund, dem niemand das Aufpassen und Schützen beibringen muss. Und deshalb bekam der 1922 gegründete Verein den Namen „Hovawart-Verein für Deutsche Schutzhunde e.V. Sitz Thale".

Doch König hatte nicht nur vom ersten Tag an begeisterte Mitstreiter. Er hatte auch genauso begeisterte Konkurrenten. Und diese Konkurrenten kamen aus dem „Verein für Deutsche Schäferhunde":

Der Deutsche Schäferhund-Verein hatte gerade die Zucht langhaariger, so genannter Altdeutscher Schäferhunde verboten, weil Langhaar zu wetterempfindlich und deshalb für einen Diensthund bei Militär und Polizei absolut unpassend sei. Die frustrierten Langhaar-Züchter suchten also nach einem neuen Verein für ihre Hunde - und fanden eine neue Heimat im „Hovawart-Verein für Deutsche Schutzhunde". Sie kreuzten dort munter Langhaar-Schäferhunde in Königs Typ- und Lagerhunde. Darum hat der Hovawart noch heute bis zu 30 Prozent Schäferhund-Anteil. Und seit dieser Zeit sind sich die Hovawart-Züchter untereinander nicht mehr einig, was ein „Hovawart" eigentlich sein sollte: Ein gelassener, eigenständiger Lagerhund mit hoher Reizschwelle, dem das Zur-Not-Schützen angeboren ist und dem das niemand beibringen muss? Oder ein temperamentvoller, führiger Gebrauchs- und Sporthund, leicht ansprechbar und beuteverliebt, der sich gut zum Schutzhund ausbilden lässt? - Ein altmodischer, eher dickköpfiger „Haus- und Hofwächter"? Oder ein neumodischer, imposanter „Super-Schäferhund"?

Dieser Streit zieht sich wie ein roter Faden durch die Geschichte der Hovawart-Zucht. Und Hauptstreitpunkt ist die Person von Kurt F. König geblieben: Seine deutschtümelnde Propaganda für den „urgermanischen Schutzhund" ist heute vielen damaligen Mitstreitern peinlich. Sie schieben das ganze nationalistische Pathos der Gründerzeit einfach auf König persönlich. Und auf König schieben sie auch das Problem, dass heute - nach fast 80 Jahren Zucht - der eine Hovawart immer noch nicht so aussieht wie der andere, dass es immer noch große Unterschiede gibt in Größe, Wesen und Temperament. Und dann schimpfen sie wieder auf König: Dass der sich nicht in die Karten gucken ließ, dass der nie ordentlich Buch geführt habe, dass der ja alles in die Zucht aufnahm, was nur irgendwie wie Hovawart aussah ... wie auch jene berühmt-berüchtigte „Afrikanische Wildhündin Tessa".

Tessa, die afrikanische Wildhündin

Um Tessa ranken sich viele Gerüchte und Legenden. Wie sah sie aus? Wo kam sie her? Mit Sicherheit war sie kein bunt gefleckter „Afrikanischer Wildhund", der in der Savanne Büffel jagt und der wegen seiner abfallenden Rückenlinie früher auch „Hyänenhund" genannt wurde (lat.: Lycaon pictus). Mit derselben Sicherheit aber war sie auch kein reinrassiger Windhund: kein

So unterschiedlich Hovawarte sein mögen, an Farben sind nur diese drei erlaubt: schwarz, blond und schwarzmarken. Foto: Gaby Abels

Langhaar-Afghane oder -Tazy, kein Kurzhaar-Azawakh. Tessa wurde von König 1940 als „Afrikanische Wildhündin" in seine „Zootechnische Station" aufgenommen, nicht als Windhündin. Sie kam auch nicht direkt aus Afrika, sie kam, als Kriegsbeute, aus dem damals besetzten Frankreich.

Frankreich, Spanien, Italien, sie hatten immer enge Beziehungen nach Nordafrika und auch Kolonien dort: Die Franzosen hatten und liebten ihre „Algérie Française" und ihr Tunesien, die Italiener ihr Libyen und die Spanier ihr Marokko.

Tessa kam 1940 aus Frankreich. Und aus Spanien kam jener schlaksige, blonde „Hovawart-Rüde", den junge Leute 1990 staunenden Hovawart-Experten vorführten: Er sah aus wie ein Hovawart, er benahm sich auch wie ein Hovawart. Aber als der Jungrüde schließlich, genervt von dem ganzen Aufstand um ihn, mit heller Stimme protestierte, waren sich alle einig: So bellt kein Hovawart. Das ist kein Hovawart!

Was war er dann? Wahrscheinlich dasselbe wie Tessa: Ein wild lebender, streunender Hirtenhund-Windhund-Mix, so wie es sie am nordafrikanischen Mittelmeer heute noch überall gibt: blond, groß, selbstbewusst und befedert wie ein rasseloser, nordafrikanischer Saluki. Einer von denen, die auch heute noch gerne von Touristen mit nach Hause genommen werden als Andenken an Nordafrika.

Tessa, dieses „unbekannte Wesen", spukt heute immer noch durch eine Reihe von Hovawart-Linien und hinterlässt dort zwar seltene, aber doch deutliche Spuren. Man erkennt ihre Nachkommen - nach 60 Jahren! - am etwas kürzeren Babyfell und an der typischen Windhund-Arroganz, mit der sie von Babytagen an alle gröberen Erziehungsversuche ablehnen und sich wie echte Windhunde nur dort ein- und anpassen, wo sie, die Tessa-Erben, mit ihrer Umwelt und ihren Menschen zufrieden sind. Für ernsthafte Hundesportler ist dieses kapriziöse Windhunderbe, das Zwang mit Befehlsverweigerung beantwortet, natürlich ein Graus. Für Hundeliebhaber aber ist es die reinste Freude.

Der neue Hovawart

Der neue Hovawart ist keine alte Rasse, keine „Rekonstruktion des alten Hovewarts", wie immer wieder behauptet wird. Der neue Hovawart ist eine neue Rasse mit einem alten Namen. An seiner Entstehung haben viele mitgewirkt: Altmodische Lagerhunde waren dabei - vom alteingesessenen Bauernrekel bis hin zu osteuropäischen Schafrüden - aber auch eher neumodische, umgänglichere Typen wie Leonberger oder Neufundländer. Dabei waren allerdings auch viele mehr oder weniger „altdeutsche" Schäferhunde. Und dabei waren auch solche importierten, einmaligen „Exoten", von denen niemand nichts Genaueres mehr weiß: „Ein großer Gordon-Setter" (oder auch nicht?), Königs „eigene persische Hirtenhündin" und Tessa, die Nordafrikanerin.

Entstanden ist aus dieser Mischerei eine Rasse, die unterm Strich bis heute vital und gesund ist und die in der modernen Hundezucht sonst so üblichen Inzuchtprobleme mit allen negativen Folgen bis heute nicht kennt. Entstanden ist aber auch eine Rasse, die so variationsreich ist, dass selbst Hovawart-Profis nicht immer und aus dem Stand heraus in der Lage sind, einen Hovawart als Hovawart zu identifizieren. Und entstanden sind daraus drei Vereine, von denen jeder aus vollster Überzeugung von sich behauptet, sein Hovawart sei der Original-hovewart.

Hovawart-Interessenten sollten sich davon nicht abschrecken lassen: Konkurrenz belebt das Geschäft. Alle drei Hovawart-Vereine haben - in stetem Wettstreit miteinander - Zuchtbestimmungen erlassen, die im Bereich der organisierten Hundezucht fast einmalig sind. Zwar haben sich alle Rasse-Vereine „dem gesunden, wesensfesten Hund" verpflichtet, aber die meisten geben sich dann mangels Konkurrenz mit öffentlichen Lip-

Die Augenflecken beim Schwarz-Marken sollen deutlich sein, die Brustmarke besteht aus zwei nebeneinander liegenden Flecken, die nicht verbunden sein müssen.
Foto G. Abels

penbekenntnissen zufrieden. Doch die Hovawart-Vereine nicht: Die streiten noch heute erbittert miteinander - und die Rasse profitiert.

Eine Rasse - ein Standard - drei Zuchtziele?

1937 wurde der Hovawart offiziell als Rasse anerkannt, und die „Hovawartschaft" mit König als Vorsitzendem und Zuchtwart wurde Mitglied im Reichsverband für das Deutsche Hundewesen. Zahlenstark war diese Fachschaft nie. Und nach dem Kriegsende blieben lauter kleine, versprengte Gruppen übrig, die auch wegen der Aufteilung Deutschlands in Besatzungszonen kaum noch Kontakt miteinander hatten. Als dann 1948 der „Verband für das Deutsche Hundewesen" (VDH) als Nachfolger des ehemaligen „Reichsverbandes" neugegründet wurde, wurde auch Kurt F. König zur Gründungsversammlung eingeladen. Doch er übergab - aus welchen Gründen auch immer - die Einladung an Otto Schramm, den Vorsitzenden der

Von einem Gebrauchshund wird eine bestandene Schutzhundausbildung verlangt, damit er zur Zucht zugelassen wird. Foto: G. Abels

Coburger Gruppe. Weil die Statuten des neugegründeten VDH vorgaben, dass immer nur ein Verein eine Rasse vertreten könnne, wurde die Coburger Gruppe unter dem Namen „Rassezuchtverein für Hovawarthunde e.V, Sitz Coburg" (RZV) zum einzigen, vom VDH anerkannten offiziellen Hovawart-Verein.

Es hat immer wieder Versuche gegeben, alle Vereine und Klubs wieder unter einen Hut zu bringen. Doch der uralte Streit darum, was denn nun ein Schutzhund sei, verhinderte alle Einigungsversuche. Und als 1964 auf Betreiben des RZV der Hovawart offiziell als Gebrauchshund anerkannt wurde, da erreichte die Bereitschaft, sich auf ein gemeinsames Zuchtziel zu einigen, ihren Tiefpunkt:

Was ist ein Gebrauchshund? Ein Gebrauchshund ist nicht einfach nur ein Hund, der im Gegensatz zum reinen Familienhund auch zum Jagen, Hüten, Schützen „gebraucht" wird. Ein offizieller Gebrauchshund muss einer Rasse angehören, in der bestimmte Leistungsprüfungen Voraussetzung zur Zucht sind. In Belgien, Frankreich und in den Niederlanden gelten alle heimischen Schäferhunde als offizielle Gebrauchshunde, weil die Grundlage für die Zucht der Nachweis einer bestandenen Leistungshüteprüfung ist. Bei uns wird von offiziellen Gebrauchshunden die „Schutzhundprüfung" verlangt. Und an dieser für Gebrauchshunde obligatorischen SchH I-, SchH II-, SchH III-Ausbildung scheiden sich immer schon die Geister - nicht nur in Hovawart-Kreisen.

Im RZV Coburg ging man mit Elan an das jetzt offizielle Ziel, einen „härteren und führigeren Gebrauchshund-Hovawart" zu züchten, und legte „Königs romantische Vorstellung", dass der Hovawart ein geborener Schutzhund sei, endgültig ad acta. Die bestandene Schutzhundprüfung wurde Zuchtvoraussetzung, wenigstens für einen der beiden Elternteile. Und schon bald zeigten sich die Auswirkungen: Die Hovawarte vom RZV wurden immer schmaler, leichter. Das alte, derbe Bauernrekel mit der hohen Reizschwelle und dem geringen Beutetrieb wurde immer temperamentvoller, beuteverliebter und war mitunter kaum noch von gleichfarbigen Settern zu unterscheiden.

Im RZV sah man das auch mit einigem Unbehagen. Aber man machte für diese Veränderungen nicht die neue Zuchtauswahl verantwortlich, die den führigen Schäferhund-Anteil in den Hovawarten bevorteilte und das alte, derbe Lagerhund-Erbe mehr und mehr zurückdrängte. Man schob es auf die 1965 Pflicht gewordene Hüftgelenksdysplasie(HD)-Vorsorge im Verein, die nur noch absolut HD-freie Hunde zur Zucht zuließ. Man sagte, diese Auslese bevorteile den leichten Typ:

Sicherlich, die rigorose HD-Prophylaxe des Vereins brachte so manchen altgedienten Züchter zur Verzweiflung: Da hatte er aus einem Wurf eine Hündin für die eigene Zucht zurückbehalten, hatte mit ihr schon alles unternommen, was Grundlage für die Ankörung ist, und dann stellt sich bei der Röntgenuntersuchung heraus: Der ganze Wurf ist HD-frei, nur die eigene, potenzielle Zuchthündin wird mit HD-Verdacht eingestuft und ist damit zuchtuntauglich. Man kann verstehen, dass eine so rigorose Maßnahme gerade unter Züchtern nicht unbedingt beliebt ist.

Aber: HD hat mit dem Gewicht der Hunde nur indirekt zu tun: HD haben auch leichte Hunde. Doch die kann man dann - zur Not - treppauf, treppab tragen. Deshalb ist HD bis heute immer nur in den Vereinen ein Thema, die große Hunde züchten. Und zum brennenden Thema wird HD nur in den Vereinen, die große Gebrauchshunde für den Hundesport züchten...

Die Vereine

1991 erklärte das Bundeskartellamt die Anordnung des VDH, nach der immer nur ein einziger Verein eine einzelne Rasse offiziell betreuen durfte, für nichtig, weil „Monopol-fördernd". Und seitdem gibt es im Heimatland des Hovawarts drei VDH-Vereine, die sich um „das alte Bauernrekel" kümmern:

- den Rassezuchtverein für Hovawarthunde e.V. Rechtssitz Coburg (RZV)
- die Hovawart-Zuchtgemeinschaft Deutschland e.V. Rechtssitz Berlin (HZD)
- den Hovawart-Club e.V. Rechtssitz Goslar (HC)

Der RZV Coburg, der größte von allen, züchtet immer noch den Gebrauchshund-Hovawart, den „sportlichen", den „arbeitsfreudigen" Hund, leicht ansprechbar und führig. Aber man hat sich dem neuen Zeitgeist angepasst und die Kritik an der obligatorischen Schutzhundprüfung als Zuchtvoraussetzung angenommen: Als Leistungsnachweis akzeptiert man heute auch eine reine Fährten- oder Suchhundausbildung oder die heute allseits beliebte Begleithundprüfung. Und man hat, weil Hundesport ja nicht jedermanns Sache ist, dreierlei Ahnentafeln eingeführt: grüne Ahnentafeln für die „Standardzucht", rosa für die „Leistungszucht", rote für die „Kör- und Leistungszucht".

Der HZD Berlin dagegen, aus dem inzwischen jeder vierte Hovawart kommt, fühlt sich immer noch dem alten König-Ideal verpflichtet: Dem geborenen Schutzhund, der ohne jede Abrichtung und Ausbildung selbständig Notsituationen einschätzen und beurteilen kann, der aber, mit einer hohen Reizschwelle versehen, auch in der heutigen, hektischen Umwelt problemlos zurechtkommt: ein verlässlicher, wirklich nur zur Not zupackender Wächter. Da diese angeborene Gelassenheit aber mit der Lagerhund-Statur einhergeht, bevorzugt man im HZD den gröberen, derberen Typ. HZD-Rüden können durchaus 60 Kilogramm wiegen, HZD-Hündinnen 40 Kilogramm.

Der HC Goslar dagegen war von Anfang an eine spontane Vereinigung von Hovawart-Haltern, die mit dem Kleinkrieg zwischen den traditionellen Vereinen nichts am Hut hatten und deren Ideal der Hovawart als ruhiger und ausgeglichener Familienhund war: Der alte Hovawart als moderner Allrounder, ein zuverlässiger Wachhund, wehrhaft, aber gut zu lenken, hoftreu, gelassen, aber doch für jedes Spiel und jeden Spaß auch auf dem Hundeplatz einsatzbereit.

In der Schweiz (und in Holland auch) hat man sich um das Für und Wider in Sachen Schutzhund nie gekümmert. Man hat von Anfang an den Hovawart als Familienhund gezüchtet. Und man hat damit viel Erfolg gehabt: Es gibt kein deutsches Hovawart-Buch, in dem nicht mindestens ein idyllisches Gruppenbild der imposanten, aber friedlichen „Schweizer" zu sehen ist. Die Schweizerische „Erziehung zum Frieden" macht so viel Umgänglichkeit offensichtlich möglich. Und die Einmischung von Schweizer Linien in deutsche Hovawarte wird auch immer populärer: Die Schweizer Hovawarte sind heute die langlebigsten von allen.

Das Wesen des Hovawarts ...

Ein Hovawart ist trotz aller Beimischungen in erster Linie immer noch ein Lagerhund geblieben. Das heißt: Er hat seinen eigenen Kopf und seine eigenen Vorstellungen von der Welt. Und diese Vorstellungen setzt er auch seinem Menschen gegenüber durch - mit angeborenem Selbstbewusstsein und mit intelligentem Ungehorsam.

Diese Eigenständigkeit darf man nicht mit Eigenwilligkeit verwechseln. Eigenwillig sind Hunde (und Menschen), die immer erst einmal „Nein" sagen: Weil sie sich nicht einpassen mögen, weil sie sich selbst für klüger halten, weil sie - aus was für Gründen auch immer - misstrauisch sind. Eigenständig dagegen ist ein Hund (ein Mensch), der erst einmal die Lage überprüft, ehe er „Ja" sagt - weil er weiß: Die Verantwortung und die Konsequenzen muss ich selber tragen, die nimmt mir keiner ab. Blindenhunde müssen eigenständig sein, damit sie ihren Schutzbefohlenen nicht auf dessen Befehl hin, aber zur falschen Zeit über die Straße führen. Und Schutzhunde müssen eigenständig sein, damit sie nicht in eine Falle tappen, damit sie - zur Not - richtig reagieren.

Ein Hovawart ist nicht eigenwillig, er ist eigenständig. Er ist ein Hund, der sich Zeit lässt - mit dem Wachsen, mit dem Lernen, mit dem Hören. Er ist ein Hund, der überzeugt werden muss. Ein Hund mit Charakter.

Seinen Beruf als Haus-, Hof- und Leibwächter nimmt jeder Hovawart heute noch ernst. Auch wenn er als Lagerhund gerne „lagert" und ihn Spötter deshalb liebevoll „meinen Sofawart" nennen - er beobachtet alles um sich herum ganz genau und mit immer wachen Sinnen. Und er teilt es dann in seine Kategorien ein: „gut", „nicht gut", „uninteressant" oder „nun reicht's!". Übrigens: Wenn Sie nicht sicher sind, ob Ihr Gegenüber auf der Straße ein Hovawart ist oder nicht - schauen Sie ihm kurz in die Augen: Dieser immer distanziert-prüfend-wache Blick, der ist typisch Hovawart.

Ein Hovawart ist ein Hofwart. Fremde werden gemeldet, ehe sie noch aus dem Auto gestiegen sind. Und sie werden so lange fest gehalten, bis der „Oberchef des Rudels" herbeigekommen ist und die Situation abklärt. Sie dürfen dann - unter steter Beobachtung - „ins Innere des Hauses vordringen" und sich dort relativ frei bewegen. Sie dürfen sogar, wenn der Hofwart sie für „gut" befunden hat, ihn streicheln und mit ihm ein bisschen schmusen. Aber in dem Moment, in dem sie sich

Der Eindruck täuscht. Auch wenn der Hovawart nur herumliegt, ist er trotzdem hellwach und hat alles unter Kontrolle. Foto: Gaby Abels

Wo ein Hovi am Zaun wacht, ist für Fremde die Warnung angebracht: „Vorsicht, pflichtbewusster Hund!". Foto: Gaby Abels

anschicken, den ihnen zugewiesenen Platz zu verlassen, stehen sie wieder unter aufmerksamster Kontrolle. Und nach jedem Klo-Besuch beginnt das Hovawart-Begrüßungsritual neu: Halt, Gesichtskontrolle, Handkontrolle, Platzanweisung.

Hovawarte sind nicht bestechlich. Und sie haben - wie alle Lagerhunde - einen Schalter im Kopf, der in Sekundenbruchteilen von absoluter Ruhe in absolute Unruhe umschlagen kann. Üblicherweise ist dieser Schalter in Watte gepackt, durch eine enorme Pampigkeit und Toleranz geschützt (hohe Reizschwelle). Ein moderner „Sofawart" lässt sich auch beim Reagieren Zeit: Er guckt und guckt und prüft erst mal, ehe er reagiert. Aber die Zuchtauswahl hin zum leicht ansprechbaren, führigen Gebrauchshund hat doch in einigen Linien Spuren hinterlassen. Das heißt: Je schneller, Schäferhund-ähnlicher ein Hovawart ist, desto niedriger ist auch diese Reizschwelle.

Ein zukünftiger Hovawart-Halter muss sich also vorher überlegen, was er will: Den selbstbewusst-gelassenen Hofwart, der auch Fremde duldet und Gäste adoptiert, mit dem man aber auf dem Hundeplatz meist nur die Lacher auf seiner Seite hat - oder aber die schneidige Sportskanone, die, wenn man nicht immer wieder rechtzeitig eingreift, Haus und Hof zum „Sperrbezirk" erklärt. Einen Hovawart jedes Mal, wenn Besuch kommt, wegzusperren oder ihn gar, damit die Haustür begehbar bleibt, die meiste Zeit im Zwinger zu halten, das ist die allerschlechteste Lösung. Sie bringt auf Dauer weder Hund noch Mensch irgendeinen Vorteil.

Innerhalb ihres Rudels, in der Familie, sind diese Wächter die zärtlichsten Schmuser und Sensibelchen. Sie sind deshalb - mit Geduld, Konsequenz und viel Zuwendung - eigentlich auch leicht erziehbar. Ein Hovawart schließt sich seinem Menschen immer ganz schnell und ganz fest an. Er begleitet

Mindestens zweimal am Tag braucht der Hovi eine Tobestunde. Wenn es dabei voll zur Sache geht, darf sie auch mal kürzer sein – 15 Minuten ‚volle Pulle' reichen ihm auch.
Foto: Gaby Abels

Seine Begeisterung zeigt der Hovi mit vollem Körpereinsatz. Sein Mensch tut gut daran, etwas standfester zu sein.
Foto: Gaby Abels

ihn dann auf Schritt und Tritt, will überall mit dabei sein und am liebsten direkt vor dem Bett seines Menschen schlafen. Man sollte ihm das ruhig erlauben: Hovawarte sind friedliche Wächter, und ehe sie etwas „melden", haben sie - wachsam, aber ruhig - schon alles drumherum aufmerksam abgecheckt. Deshalb sind sie auch ideale Begleiter, die man überall hin mitnehmen kann. Auch in den Urlaub und ins Hotel. Aber dann sollte man, wenn „Hovi" allein im Hotelzimmer zurückbleiben muss, das Schild „Bitte nicht stören" an die Tür hängen. Es ist nicht nötig, dass das Zimmermädchen die Wächtereigenschaften des Hundes überprüft. Ein Hovawart ist ein Wächter. Im Haus, bei ihren Menschen sind sie gelassen und umgänglich und vertragen sich mit allen und jedem. Doch ihre typische Anpassungsbereitschaft ihrem Lieblingsmenschen gegenüber übertragen sie nicht automatisch auf jedes einzelne Familienmitglied, auf jeden noch so gerne gesehenen Gast: Mit einem Hovawart muss sich jeder selbst „zusammenraufen", mit dem muss jeder seine eigene Beziehung selbst herstellen. Aber keine Sorge: Hovawarte sind großzügig. Sie verlangen nur Respekt vor sich selbst und vor ihrem Lieblingsmenschen. Hat mensch, kind, gast sich mit dem Hovawart auf diesen Grundrespekt geeinigt, dann ist der Hovawart ein toleranter, verspielter Kamerad und ein Freund aller freundlichen Menschen.

Doch ein Hovawart braucht nicht nur einen Menschen, auf den er sich hundertprozentig verlassen kann, und ein Rudel, das ihn respektiert und mag. Er braucht auch Bewegung und Beschäftigung. Die Ahnen dieses Hundes waren Bauernhunde, Arbeitshunde, und die Einkreuzung von Schäferhundblut hat sie nicht ruhiger gemacht. Im Gegenteil. Ein Haus mit Garten, in dem diese temperamentvollen Kerle sich mindestens zweimal am Tag so richtig nach Herzenslust und bis zum Umfallen austoben dürfen, ist die Mindestanforderung, die sie an ihren Halter stellen. Besser ist natürlich ein Haus mit Garten und obendrein noch mindestens zehn Kilometer am Tag freie Bewegung durch Feld und Flur. Dann liegen sie den Rest des Tages gerne als friedlich-zufriedene „Sofawarte" herum. Aber Vorsicht: Hovawarte sind zwar von sich aus haustreu und keine Streuner. Doch wenn vor ihren Augen ein Hase aufspringt, eine Katze davonprescht, dann packt auch sie die Jagdlust. Die Schäferhund-Beimischung, der auf dem Hundeplatz so gern gesehene Beutetrieb, ohne den im Hundesport ja nichts läuft, der hat Spuren hinterlassen, der hat im täglichen Leben eben auch Nachteile.

... und das Wesen seines Halters

Es ist seltsam: In unseren Tierheimen findet man eigentlich alles an Hunderassen, was es gibt. Den „umständehalber" im Tierheim abgegebenen Hovawart aber, den findet man nicht. Warum? Lassen sich Hovawart-Halter nie scheiden, ziehen sie nie um und weg, haben sie nie Probleme mit ihren halbstarken Rabauken? Doch, doch, sie haben. Aber: Ein Hovawart „besetzt" seinen Menschen. Und jeder Hovawart-Kauf wird im Handumdrehen zu einer Art Liebesbeziehung, egal, ob mensch das nun so gewollt hat oder nicht. Der „Hovi" besetzt seinen Menschen. Sein Mensch kann daran nichts ändern. Er muss die Beziehungskiste tragen, so wie sie ist ...

Was für ein Mensch passt zu diesem Hund? Das wichtigste, was ein Hovawart-Halter zunächst einmal mitbringen muss, ist ein ganz allgemeiner Respekt vor allem Lebendigen und eine große Achtung vor der Natur. Ein Hovawart ist kein pflegeleichtes Heimtier, kein Hobby-Sportgerät, kein Kumpan-Ersatz für Kinder. Ein Hovawart ist ein großer, kräftiger, temperamentvoller Hund, der durchaus seinen eigenen Kopf und seine eigenen Vorstellungen von der Welt hat und der diese Vorstellungen, wenn er sie überprüft hat und davon überzeugt ist, auch durchsetzt. Er ist ein Hund mit Charakter. Und diesen angeborenen Charakter muss sein Halter zunächst einmal nicht nur dulden, er muss ihn mögen.

Dann muss er, der Halter, jederzeit kontaktbereit sein. Das heißt: Er muss nicht nur selber Zuneigung geben, er muss auch bereit und in der Lage sein, sich lieben zu lassen - zu jeder Tageszeit, in jeder Umgebung und bei Wind und Wetter. Hovawarte sind zärtliche Chaoten, und wenn sie sich über ein neues Matschloch, einen alt-ausgebuddelten Knochen oder über die Rückkehr ihres Menschen freuen, dann zeigen sie das ihrem Menschen. Und dann darf mensch keine Angst haben vor Dreck, blauen Flecken oder derangierter Kleidung.

Ein Hovawart-Halter muss kein Hochleistungssportler sein und jederzeit fit wie ein Turnschuh. Aber Spaß am Sich-Bewegen und am Draußen-Rumstreunen muss er schon haben - und auch Zeit dafür. Ein

Hovawart braucht nicht nur Zuwendung und Respekt, er braucht auch Beschäftigung. Sonst sucht er sich die selber. Und was sich gerade junge Hovawarte alles ausdenken können, das übersteigt das menschliche Vorstellungsvermögen mitunter ganz gewaltig. Und dann muss er, der Halter, außerdem noch selbstbewusst, durchsetzungsfähig und umgänglich zugleich sein. Ängstliche, kontaktscheue Leute, die das Bedürfnis haben, sich von einem Hund beschützen zu lassen, sollten sich keinen geborenen Schutzhund kaufen: Je ängstlicher, selbstunsicherer der Mensch - desto verteidigungsbereiter, entschlossener wird der Hovawart. Und dann kommt zu allen schon vorhandenen Alltagsängsten noch die tägliche Sorge dazu: „Hilfe! Was macht dieser Hund jetzt schon wieder!?"

Was Sie vorher überlegen müssen

Ein Hovawart ist ein großer, temperamentvoller und durchaus auch wehrhafter Hund. Sich so einen Hund ins Haus zu holen, nur weil er schön und imposant ist und obendrein „so unverzüchtet und natürlich" aussieht, das bringt nur Sorgen und Ärger.

Prüfen Sie also, ehe sie sich in dieses Abenteuer stürzen, ganz genau, ob es wirklich ein Hovawart sein muss. Und prüfen Sie auch, ob ein Hovawart zu Ihnen, Ihrem Lebensstil, Ihrem Bekanntenkreis, Ihrer Umwelt passt.

Beantworten Sie sich erst einmal selbst - ganz ehrlich - folgende zehn Fragen:

Sind Sie einigermaßen sicher, dass sich in den nächsten zehn bis 15 Jahren in Ihrem Leben und an Ihrem Lebensstil nichts Wesentliches verändern wird?

Ein Hovi-sicherer Zaun muss zwei Meter hoch sein. Normale Gartenzäune sind für ihn nicht mal eine sportliche Herausforderung. Foto: Gaby Abels

– Hovawarte sind nicht nur langlebig, sie hängen auch an „ihrem" Menschen wie Kletten und sind absolut keine Hunde, die man umständehalber abgibt.

- *Ist fast immer jemand zu Hause, und haben Sie Zeit genug für diesen Hund?*
  – Hovawarte brauchen nicht nur Gesellschaft, sie brauchen auch Beschäftigung, und länger als vier Stunden sollte man sie nie alleine lassen.

- *Haben Sie Platz genug für diesen Hund?*
  – Ein „Bauernrekel" braucht keinen Palast, aber Zeit und Platz zum Sich-Rekeln, Sich-Freuen braucht er doch.
  Und in städtische Mietshäuser passt er nicht.

- *Ist Ihr Garten groß genug, damit sich dieser Hund dort auch austoben und mal eben einen 50-Stundenkilometer-Kurzsprint einlegen kann? Und sind Sie überhaupt bereit, Ihren Garten mit einem Hovi zu teilen?*
  – Schon nach einem Hovi-Jahr wird Ihr Garten ganz anders aussehen als vorher.

- *Ist die ganze Familie mit der Anschaffung eines Hovawarts einverstanden?*
  – Mit einem „Familienwart" muss jedes Familienmitglied seinen Rangplatz selber aushandeln - sonst hat es bald keinen mehr und muss dann in der Küche schlafen.

- *Ist die Nachbarschaft wenigstens hundetolerant?*
  – Große, wehrhafte Hunde sind heute nicht mehr überall beliebt. Aber Hovawarte sind Sensibelchen: Sie spüren die Abneigung, und sie reagieren darauf mit Abneigung.

- *Dürften Sie - zur Sicherheit und um des lieben Friedens willen - einen Zwei-Meter-Zaun samt Sichtschutz um ihr Grundstück ziehen?*
  – Hovawarte sind sportliche Hunde und Weltmeister im Hoch-Weit-Sprung. Ein 1,50-Meter-Zaun ist für sie kein Hindernis und eine Ligusterhecke auch nicht.

- *Haben Sie jemanden, der bereit und vor allem in der Lage wäre, sich um Ihren Hovi zu kümmern, falls Ihnen etwas zustieße?*
  – Hovawarte sind Hofwächter, sie lassen, wenn „der Chef" nicht da ist, keinen Unbefugten aufs Grundstück!

- *Ist Ihr Auto groß genug und immer griffbereit?*
  – Dass ein Tierarzt im Notfall alles stehen und liegen lässt und zu Ihnen kommt, ist heute eher die Ausnahme als die Regel. Und einen echten Notfall in zehn Jahren müssen Sie einkalkulieren.

· *Es gibt so viele pflegeleichte, schöne Hunde – muss es denn unbedingt ein Hovawart sein?*

Wenn Sie alle zehn Fragen spontan kopfnickend beantwortet haben, dann steht Ihrer Hovawart-Halterkarriere eigentlich nichts mehr im Wege. Dann müssen Sie nur den richtigen Hovawart für sich und Ihre Wünsche finden und dabei - wie ein Hovawart - aufpassen, gucken, abwägen und prüfen.

Welcher Typ von Hovawart soll's denn sein?

Wer sich unvorbereitet und ohne vorher zu überlegen einen Hovawart kauft, der greift in eine Wundertüte: Er kann einen setterähnlichen Agility-Fan „gewinnen",

Welche Eigenschaften sie haben werden, lässt sich – Ausnahmen bestätigen die Regel – voraussagen, denn alle Wesensmerkmale ihrer Ahnen sind erfasst. *Foto: G. Abels*

Noch besteht das Leben vor allem aus Trinken und Schlafen, doch es werden auch schon erste Erfahrungen gemacht. Foto: Gaby Abels

einen temperamentvollen Haudegen oder einen durch nichts aus der Ruhe zu bringenden Dickkopf. Hovawart ist nicht gleich Hovawart. Jeder Hovawart ist anders. Da gibt es von Hund zu Hund, von Züchter zu Züchter, von Verein zu Verein große Unterschiede.

Und deshalb ist das Wichtigste am gedeihlichen Miteinander von Hovawart und Mensch zunächst einmal der Mensch, der Käufer, der sich vorher überlegt, was er will und welcher Typ Hovawart wohl am besten zu ihm passt: Für Anhänger des aktiven Hundesports (Schutzhundausbildung, Breitensport, Turniersport) ist sicherlich der RZV Coburg mit seinen zwölf Landesgruppen und seinen vielen vereinseigenen Übungsplätzen und Ausbildungslehrgängen empfehlenswert.

Wer's lieber ruhiger mag (Fährte, Rettungs-, Wach-, Begleithund) oder wer „nur" einen zuverlässigen Familienwächter sucht mit hoher Reizschwelle, der wird sich zwischen den „derberen" Typen vom HZD Berlin wohler fühlen. Und wer statt eines großen Vereins lieber „Club-Atmosphäre" mit Familientreffen und gemeinsamem Spaziergang will, ist sicher beim HC Goslar gut aufgehoben.

Klar, Sie müssen Ihren Hovawart nicht bei einem VDH-Verein kaufen. Sie können auch woanders fündig werden. Aber dann seien Sie besonders vorsichtig. Nur in den VDH-Vereinen können Sie sicher sein, dass Erbkrankheiten, Inzuchtquotient und Wesen kontrolliert werden. Nur die drei VDH-Vereine haben sich alle inzwischen der Zentralen Zuchtwertschätzung nach R. Beuing (ZZW) angeschlossen. Und diese ZZW kann Ihnen bei der richtigen Auswahl Ihres zukünftigen Partners eine große Hilfe sein: Die ZZW erfasst und verrechnet nämlich nicht nur angeborene körperliche Merkmale wie HD-Belastung, Gebiss, Haarlänge, Typ. Sie erfasst und kontrolliert auch angeborene Wesensmerkmale, die im obligatorischen Wesenstest ermittelt werden: Temperament, Reizschwelle, Schutzbereitschaft, Beutetrieb. Lassen Sie sich also, ehe Sie sich entscheiden, vom ins Auge gefassten Züchter die ZZW-Werte seiner Hündin und die des Rüden zeigen, und achten Sie dabei besonders auf den Punkt „Beutetrieb": Ein Hovawart mit unterdurchschnittlichem Beutetrieb bringt jeden Hundesportler zur Verzweiflung. Ein Überdurchschnittlicher aber wird vor allem in Familien mit Kleinkindern leicht zum Problem. Vergessen Sie dabei aber nie, dass die ZZW immer nur die Hunde erfassen kann, die schon da sind und alle Prüfungen durchlaufen haben. Über Ihren ungeprüften, womöglich noch nicht einmal geborenen „Knuddel" kann sie nur Vorhersagen machen. Und Vorhersagen - das kennen wir ja vom Wetter - stimmen immer nur mit einer bestimmten Wahrscheinlichkeit. Vor Überraschungen sind Sie also nie sicher. Aber Sie können, wenn Sie sich Mühe geben, diesen Überraschungseffekt doch ziemlich herunterschrauben.

Der Züchter ist mehr als die halbe Miete

Hunde kommen nicht als zahme Haustiere zur Welt. Auch heute noch muss jeder junge Hund erst einmal gezähmt, auf Menschen sozialisiert werden: Er muss lernen, die Nähe der Menschen nicht nur zu ertragen. Er muss - jeder für sich und ganz persönlich - lernen, dass Menschen freundlich sind, dass man zu ihnen Vertrauen haben kann. Ein Hund lernt das in den ersten sechs Wochen seines Welpenlebens: Alles, was er in diesen sechs Wochen als freundlich und rudelzugehörig kennen gelernt hat, wird ihm immer vertraut bleiben. Und er wird dieses Ur-Vertrauen später auf ähnliche, neue Begegnungen übertragen. Hat er aber - aus was für Gründen auch immer - dieses Ur-Vertrauen nicht gelernt, dann wird er sich zwar seinem neuen Halter auch noch anschließen, weil er ja gar keine andere Wahl hat. Aber er wird allen anderen Menschen gegenüber immer scheu und misstrauisch bleiben - wie ein gerade nur handzahmes Wildtier. Und das ist bei einem so temperamentvollen und wehrhaften Hund wie dem Hovawart auf Dauer für jeden Halter eine einzige Katastrophe.

Gute Züchter wissen das. Sie wissen, dass kein Hund der Welt von ganz allein menschenfreundlich, umgänglich und intelligent wird. Sie wissen, wie wichtig das frühe Lernen, die frühen Erfahrungen sind. Sie legen Wert darauf, dass ihre Welpen möglichst früh möglichst viel lernen: dass sie gut sozialisiert werden.

Woran erkennt man einen guten Züchter? Zunächst einmal: An den Ahnentafeln nicht! Papier ist geduldig. Und gerade die obskursten, selbsterklärten Züchter in den obskursten Vereinen haben mitunter die „wunderschönsten Papiere". An dem Signum „VDH" allerdings auch nicht: Die drei VDH-Hovawart-Vereine sind zwar in ihren Zuchtbestimmungen fast einmalig und nachahmenswert. Aber wie viel Zeit ein Züchter seinen Welpen widmet und vor allem wie viel Herz, das kann niemand vorschreiben. Und deshalb erkennt man einen guten Züchter nicht an der Wand voller Pokale und Siegerurkunden, sondern an folgendem:

- Er hat eine gute Beziehung zu seinen Hunden und sie zu ihm: Sie leben alle zusammen mit im Haus und dürfen sich dort jederzeit frei bewegen, auch wenn Besuch kommt. Und Zwingerhaltung lehnt er aus tiefstem Herzen ab.
- Er macht mit Ihnen einen „Welpentest", aber anders herum: Er schickt Sie mitten hinein ins Rudel zu Mutter, Tante, Onkel, Welpen und prüft, ob Sie über haupt „hovifest" sind.

Außerdem: Welpenkauf ist Vertrauenssache. Wenn Sie kein Vertrauen zum Züchter haben, dann ist die Wahrscheinlichkeit hoch, dass auch der von Ihnen ins Auge gefasste Welpe kein Vertrauen, kein Ur-Vertrauen zu Menschen hat. Kaufen Sie lieber woanders.

Die Farben: Schwarzmarken, blond oder schwarz?

Hovawarte gibt es in drei Farbschlägen: schwarzmarken (schwarz mit goldblonden Marken), blond und schwarz. Warum das so ist, ist schnell erklärt: Die ersten Würfe der schwarzmarkenfarbenen Typ-Hunde waren bunt gemischt, und den frühen Züchtern um Kurt F. König war das recht. „Ein guter Hund kann keine schlechte Farbe haben," hieß es. Man nahm also die Blonden und die Schwarzen nicht als Fehlfarben aus der Zucht. Man kreuzte sie immer wieder ein und erhielt sich so - ganz im Gegensatz zu den meisten anderen Züchter-Vereinen jener Zeit - einen breiten, gesunden Gen-Pool, der gegen Inzuchtprobleme gefeit war. Man achtete nur von Anfang an darauf, dass sich kein Hirtenhund-Weiß oder -Grausilber in diesen Gen-Pool drängte. Auch heute noch „fallen" in einem reinen Schwarzmarken-

Wurf durchaus alle drei Farbschläge, während die Blonden und die Reinschwarzen eher zur Reinerbigkeit neigen. Das heißt: Im Schwarzmarken sind immer alle drei Farbschläge erhalten. Aus einer Verpaarung Schwarz-Schwarz aber könnte man ganz schnell reinerbig schwarze Hovawarte züchten und aus der Verpaarung Blond-Blond ganz schnell reinerbig Blonde. Da man aber nicht drei unterschiedliche Hovawarte will, sondern nur einen in drei Farbschlägen, sind solche Paarungen in allen Vereinen nur mit Ausnahmegenehmigung erlaubt.

Die schwarzmarkenen (sm-) Hovawarte waren und sind die häufigsten. Sie machen bis zu 60 Prozent aller Hovawarte aus. Die Blonden sind die bei den Käufern beliebtesten, und die Schwarzen (etwa 10 Prozent) dienen eigentlich nur als Pigmentreservoir: Das strahlende Goldblond erhält sich nämlich nur dann, wenn man ab und zu Reinschwarz hineinmischt. Würde man die bei den Käufern eher unbeliebten Schwarzen aus der Zucht nehmen, würde das Goldblond sehr schnell verblassen und in ein mattes Cremeweiß übergehen so wie in der Retriever-Zucht, oder in ein „Gelblich-Weiß mit weißlich-gelben Ohren", wie es unter vorderasiatischen Hirtenhunden üblich ist.

Die Farben sind bei den Welpen noch nicht voll ausgeprägt. Sie dunkeln mit der Zeit nach. Weiße Puschel verschwinden meist ganz, und aus deutlichen Marken kann eine (bei Züchtern unbeliebte) „knackige Maske" werden. Nur Grau bleibt Grau und damit Fehlfarbe. Aber das kann einem Nur-Familienhund-Halter ja egal sein.

Der Streit darum, ob mit der Fellfarbe auch irgendwie ein angeborener Charakter in Zusammenhang steht, schwelt allerdings weiter: Offiziell heißt es: „Nein! Hovawart ist Hovawart!" Inoffiziell aber munkelt es: Die Markfarbenen seien (meist, nicht immer) dickköpfiger, eigenständiger, aber ruhiger. Die Schwarzen

Der pechschwarze Hovi ist weniger beliebt als der blonde, doch er sorgt in der Zucht dafür, dass der Blonde schön golden bleibt. Foto Gaby Abels

Was der Rassestandard fordert, erfüllen diese beiden: Der blonde Rüde ist deutlich kräftiger als die schwarzmarkene Hündin. Fotos: Gaby Abels

dagegen seien temperamenvoller, ansprechbarer, aber führiger. Und die Blonden, das Goldkind in der Mitte, hätten von beiden etwas: Sie seien dickköpfig und temperamentvoll zugleich. Aber - nichts Genaues weiß man nicht ... Hundeanfänger sind trotzdem gut beraten, wenn sie sich statt eines stattlichen Blonden erst einmal einen grazileren Schwarzen ins Haus holen.

Rüde oder Hündin?

Der Standard schreibt es vor: „Die Geschlechtunterschiede sind vor allem an Kopfform und Körperbau deutlich erkennbar", „stark hündinnenhafte Rüden" und „stark rüdenhafte Hündinnen" sind aus der Zucht auszuschließen. Und so kommt es, dass die Rüden deutlich imposanter und kräftiger sind als die Hündinnen. Hovawart-Hündinnen wiegen - je nach Typ - zwischen 25 und 40 Kilogramm, Rüden - je nach Typ - zwischen 35 und 60 Kilogramm. Diesen Unterschied aber sollte man sich vor dem Kauf klarmachen: Einen 30-Kilogramm-Hund kann jeder erwachsene Mensch in jeder Situation sicher halten. Beim 50-Kilogramm-Kerlchen aber braucht er neben Körperkraft und Fitness noch eine gute Portion Hunde-Erfahrung und Hunde-Verstand obendrein.

Diese rein physikalische Tatsache ist wohl auch der Grund, weshalb immer behauptet wird, Hündinnen seien anpassungsbereiter, führiger, leichter zu erziehen. Aber das stimmt für die Hovawartinnen nicht: Sie sind zwar draußen leichter an der Leine zu halten, das ja, doch leichter erziehbar sind sie nicht:

Ein Hovawart-Rüde ist im Herzen ein Bauernrekel geblieben. Er widerspricht offen und ruppig. Er geht keiner Auseinandersetzung aus dem Wege. Er will überall und jederzeit der Boss sein und/oder doch wenigstens gehörig Eindruck schinden. Er passt sich nur an, wenn er einen „Boss" findet, der noch imposanter, noch durchsetzungsfähiger ist. Oder aber - wenn die holde Weiblichkeit ins Spiel kommt. Dann wird aus dem ruppigen Rekel im Handumdrehen ein Kavalier, ein Gentleman vom Scheitel bis zur Sohle. Das ist wohl auch der Grund, warum ausgerechnet die sanftesten „Frauchen" immer die wenigsten Schwierigkeiten mit ihrem Rüpel haben und eigentlich nur ein Problem kennen: Ihr „Ritter ohne Furcht und Tadel" hütet sie mitunter wie ein mittelalterliches Burgfräulein und lässt männliche Konkurrenz möglichst erst gar nicht in ihre Nähe.

Hovawart-Hündinnen kennen ihre Rüpel-Ritter. Und sie spielen dieses Spiel mit Bravour mit. Mal als Unschuldslamm, mal als Grande Dame, mal als armes Hinkelchen. Hovi-Mädchen, Hovi-Damen fällt immer ein neuer psychologischer Trick ein, mit dem sie ihr Gegenüber schachmatt setzen können: Meine Bessy zum Beispiel hasst es, hochgehoben zu werden, der Tierarzt wollte von so viel „Zickigkeit" nichts wissen. Er hob sie hoch. Er setzte sie wieder ab. Aber kaum berührten ihre Füße den Boden, da schrie sie auf und floh auf drei Beinen hinkend durch das ganze Wartezimmer. Was war los? Der Hund war gesund und auf allen Vieren reingekommen und ging, nach der ärztlichen Behandlung, krank wieder raus? Nichts war los, gar nichts. Kaum hatte ich die Tür zwischen uns und den erschrockenen Leuten zugemacht, zog sie wieder ganz fröhlich weiter. Aber der Tierarzt hebt sie lieber nicht mehr hoch. Er hockt sich seitdem lieber neben sie auf den Boden.

Nein, Hündinnen sind nicht einfacher zu erziehen. Für die Erziehung eines Rüden reicht Geduld, Konsequenz, ein breites Kreuz und Durchsetzungsfähigkeit. Bei der Hündin aber braucht man außerdem noch ein gerütteltes Maß an Humor, die Fähigkeit, selber um die Ecke denken zu können, und die Bereitschaft, sich vorführen zu lassen, ohne gekränkt zu sein. Mit Gewalt läuft bei den Hovi-Damen überhaupt nichts.

Auch als Haus-, Hof- und Familien-Wächter stehen sie den Rüden nichts nach. Während ein Hovi-Rüde eher bereit ist, sich mit der Rolle des „persönlichen Leibwächters" und ritterlichen Beschützers zufrieden zu geben, der (männliche) Rivalen fern hält, aber weiblichen Besuch eigentlich gerne sieht, ist den Hovi-Damen das Geschlecht des Fremden egal. Sie besetzen zunächst einmal ihr Revier und erst in zweiter Linie ihren Menschen. Sie sind deshalb draußen - außerhalb ihres Reviers - auch umgänglicher, toleranter als Rüden. Innerhalb aber kompromissloser und aufmerksamer. „Petze" nannte man die große Hündin, die den Hof bewachte, früher. Und „petzen" (Bescheid sagen und erst mal festhalten), das können und tun alle Hofwart-Hündinnen noch heute. Hovi-Rüden lassen sich durch Weiblichkeit besänftigen und ablenken. Hovi-Damen dagegen sind mitunter auch Rüden gegenüber ausgesprochen rüde.

Der einzige Nachteil, den man den Damen anhängen könnte, ist ihre Läufigkeit. Zweimal im Jahr, im Abstand von sechs bis neun Monaten, werden sie läufig, und jede Läufigkeit kann mit Vor- und Nachbrunst gut vier Wochen dauern. Aber auch dieser Nachteil entpuppt sich beim genaueren Hinsehen als Vorteil: Hovi-Rüden sind nämlich das ganze Jahr über „läufig": Kaum kommt irgendwo in der Nachbarschaft eine x-beliebige Hündin in die Hitze, schon fühlen sie sich angesprochen. Sie nutzen jede Gelegenheit zum Entweichen, sie fiepen, wollen raus, verweigern das Fressen. Und selbst gemütliche Spaziergänge draußen können damit enden, dass der Rüde irgendwann irgendwo eine interessante Spur findet, bereit, ihr sofort und unter allen Umständen zu folgen.

Hovi-Rüden sind dauerläufig und potenziell immer auf Freiersfüßen. Hovi-Damen dagegen sind nur maximal acht Wochen im Jahr läufig, und gegen ihre Läufigkeiten kann - und sollte - man als Halter etwas tun: Läufigkeiten sind zwar natürlich, aber sie sind absolut nicht gesundheitsfördernd. Im Gegenteil: Je häufiger eine Hündin läufig, scheinträchtig, trächtig wird, desto höher ist ihr Risiko für geschlechtsspezifische Erkrankungen. Tierärzte wissen das und empfehlen dann meist die frühe Kastration. Aber auch sie hat - vor allem für größere Hündinnen - häufig genug Nebenwirkungen: Haar- und Hautgeschichten, Harninkontinenz, unter der vor allem wohlerzogene Hündinnen leiden, müssen dann wieder lebenslänglich tierärztlich behandelt werden - mit Hormon-Gaben, aufputschendem Ephedrin oder Kollagen-Spritzen.

Weniger Nebenwirkungen hat, aber nur für Nicht-Züchter geeignet ist „die Pille": Ein Hormon-Präparat (Gestagene), das alle fünf Monate gespritzt werden muss. Sie unterdrückt zuverlässig jede Läufigkeit, jede Scheinträchtigkeit. Sie nimmt der Hündin aber nichts von ihrer Weiblichkeit, sie beruhigt nur ein bisschen. Meine Hündinnen, immer von potenten Rüden umgeben, bekamen ihr Leben lang die „Pille". Sie blieben gesund und wurden alt - älter als die Rüden.

Wenn Sie sich einen Hovawart zulegen wollen, sehen Sie sich sicherheitshalber erst einmal die Hunde in der Nachbarschaft an: Leben in der direkten Nachbarschaft lauter intakte Hündinnen, dann kaufen Sie sich keinen Rüden: Sie machen sich und dem Rüden das Leben nur schwer. Leben jedoch in der Nachbarschaft hauptsächlich Rüden, dann können Sie sich durchaus eine Hündin kaufen. Aber geben Sie ihr dann - im allgemeinen und im ureigensten Interesse - „die Pille". Haben Sie aber selbst schon einen Hund im Haus und soll Jung-Hovawart der Zweithund werden, dann haben Sie die Qual der Wahl nur dann, wenn der Ersthund eine Hündin ist. Hündinnen sind zwar anderer Leute Welpen gegenüber häufig erst einmal recht „zickig". Aber nur erst einmal. Ist die Rangordnung klar,

Eine Hovawart-Hündin ist „im Dienst" noch unbestechlicher als ein Rüde, sie lässt sich durch freundliche Weiblichkeit nicht ablenken.
Foto: U. Schanz

Wenn der Ersthund ein Hovawart-Rüde ist, sollte der Zweithund unbedingt eine Hündin sein. Mit einem zweiten Rüden in der Familie ist Ärger vorprogrammiert.
Foto: U. Schanz

dann bleibt sie klar. Rüden sind anders: Sie sind von jedem Welpen erst einmal ganz kritiklos begeistert. Aber das ändert sich, sobald der Junghund erwachsen wird. Und wenn dieser Junghund dann ein von sich aus dominanter, wehrhafter Bauernrekel-Rüde ist, dann ernten Sie nichts als Ärger. Versuchen Sie erst gar nicht Raubtierdompteur zu spielen. Sagen Sie sich einfach: Auf einen Misthaufen gehört immer nur ein Hahn. Kaufen Sie für Ihren Rüden eine Hündin.

Der Welpe und Junghund

Sie haben sich selbst auf Herz und Nieren geprüft. Sie haben sich die Hovawarte angesehen. Sie haben sich für einen Typ entschieden. Sie haben den für Sie passenden Verein und einen guter Züchter gesucht und gefunden. Sie haben sich „Ihren Hovi" ausgesucht. Sie wissen jetzt, ob „es" ein Mädchen oder ein Junge ist, schwarzmarken, blond oder schwarz. Sie haben den Abgabetermin vereinbart, und der Tag des Einzuges rückt näher und näher. Jetzt müssen Sie nur noch Haus und Garten für den Neuankömmling bereit machen - denn wenn Klein-Hovi erst einmal da ist, haben Sie dafür keine Zeit mehr.

Gerade 26 Tage alt, schaut dieser Hovi schon aufmerksam-kritisch in die Welt – ganz wie ein Alter.
Foto: Gaby Abels

Die Vorbereitungen

Was braucht Klein-Hovi? Er braucht zunächst einmal einen Ruheplatz für tagsüber. Dieser Platz sollte im Wohnzimmerbe-

Wenigstens in den ersten Tagen der Eingewöhnung sollte sein Schlafplatz nebem dem Bett seines Menschen sein. Foto: Gaby Abels

reich liegen, so daß er alles um sich herum gut beobachten kann, aber doch vor Trubel und vor allem vor Besuchern geschützt bleibt. Ein teures Körbchen sollten Sie nicht kaufen. Zum einen ist es bald zu klein (falls es die ersten vier Wochen überhaupt überlebt). Zum anderen wird Klein-Hovi sich seinen Lieblingsplatz sowieso selbst aussuchen. Und Hovis Lieblingsplatz ist immer ganz in Ihrer Nähe, entweder direkt auf Ihren Füßen oder neben Ihnen auf dem Sofa. An beiden Stellen aber würde ein Körbchen nur stören. Kaufen Sie ihm lieber von Anfang an seine eigene Decke, mit der er „umziehen" kann und die Sie auch im Urlaub und auf Reisen mitnehmen können.

Dann braucht er noch einen Schlafplatz. Dieser Schlafplatz sollte - zumindest in den ersten Tagen der Eingewöhnung - direkt vor Ihrem Bett sein. Und das aus zwei Gründen:

- Auch ein gerade erst acht Wochen alter Hovawart ergibt sich nicht resignierend in sein Schicksal, wenn er ganz plötzlich aus dem vertrauten Rudel herausgenommen wird und jetzt allein bleiben soll. Er protestiert lauthals und ausdauernd, bekommt vor lauter Aufregung noch Durchfall, und sein Vertrauen zu seinem neuen Menschenrudel ist dann erst einmal auf dem Nullpunkt angelangt: Was machen die mit ihm?! Sie lassen ihn allein!!!

- Wenn der junge Hund direkt neben Ihnen schläft, bekommen Sie viel schneller mit, wann er wach wird, seine Decke verlässt und sich einen Platz zum Pinkeln sucht. Ihre Chance, schneller hoch zu sein als er sich hinhockt, vergrößert sich dadurch enorm: Das Lernziel Stubenreinheit kann davon nur profitieren. Je schneller Sie reagieren können, je seltener „etwas passiert", desto eher stellt sich der bleibende Erfolg ein.

Es gibt deshalb Leute, die empfehlen, den Welpen in eine klappbare Transportbox neben dem Bett einzuquartieren, weil man dann erstens sein Kratzen und Rumoren in der Box eher hört, weil man zweitens diese Box, wenn er sich erst einmal daran gewöhnt hat, überall als Quasi-Transport-Eigenheim mitnehmen kann und weil drittens Hunde sich angeblich in Höhlen sowieso sicherer fühlen. An diesen Argumenten stimmt nur eins: Junge Hunde gewöhnen sich an fast alles. Aber: (Zumindest) Hovawarte sind keine Höhlenbewohner, keine Füchse. Sie sind Wachhunde. Und sobald sie die Babyschlaferei hinter sich haben, wollen sie auch nachts wachsam die Ihren umkreisen können. Ein (einigermaßen ausgewachsener) Hovawart schläft nachts nicht acht Stunden lang. Der ist - leise, leise - auch nachts im Dienst. Und dazu muss er sich frei bewegen können.

Es muss nicht immer schäfchenweich sein. Ein Hovi-Welpe legt sich zwischendurch auch gerne auf kühle Steinfliesen. Foto: Gaby Abels

Legen Sie dem Hundebaby also seine eigene Decke nachts direkt vor Ihr Bett. Irgendwann wird sich Jung-Hovi sowieso seinen Lieblingsplatz für die Nacht selber aussuchen. Ein teures Körbchen samt Matratze braucht er dazu nicht. Hovawarte holen sich selbst auf hartem Boden keine Liegeschwielen, ganz einfach deshalb nicht, weil sie nie lange auf ein und demselben Platz liegen bleiben, weil sie sich zwischendurch immer wieder was Weicheres suchen. Achten Sie nur von Anfang an auf eins: Ihr Bett gehört Ihnen! Da darf er nur hinauf, wenn Sie es „für die Allgemeinheit freigegeben" haben. Und er muss es - auch schon als Welpe - sofort wieder räumen, wenn Sie dieses öffentliche Nutzungsrecht aufheben.

Nicht nur Klein-Hovi funktioniert alles zum Spielzeug um, was irgendwie interessant aussieht und sich abschleppen lässt.
Foto: U. Schanz

Dann brauchen Sie vom ersten Tag an Leine und Halsband. Sie brauchen beides schon, wenn Sie Ihren Kleinen abholen. Machen Sie ihm das Halsband sofort um, und öffnen Sie die Autotür - für eine kurze Pinkelpause zwischendurch - nicht eher, als bis Sie ihn auch an der Leine haben. Autobahnraststätten, Parkplätze am Straßenrand sind keine Welpenspielorte. Leine und Halsband müssen leicht und passend sein, nicht auf Zuwachs gekauft. Erkundigen Sie sich also nach dem Halsumfang und stürzen Sie sich nicht in Unkosten. Sie müssen beides sowieso bald neu kaufen.

Teures Spielzeug brauchen Sie auch nicht. Ein junger Hovawart ist mit einem alten Handtuch, einem Obstbaumholz, einem Tennisball, einem alten Schuh sehr zufrieden. Aber schneiden Sie vorher vom Schuh die Metallbeschläge ab, und vermeiden Sie alles, was aus Plastik oder zersplitterbar ist. Außerdem: Das Lieblingsspielzeug Ihres kleinen Hovis sind sowieso Sie - und alles das, was in Haus und Garten herumliegt und irgendwie abschleppfähig aussieht. Machen Sie lieber erst einmal ihre Wohnung und Ihren Garten Hovisicher. Das lohnt sich.

Einen Fressnapf und einen Wasserpott müssen Sie noch besorgen. Der Wasserpott sollte, mit frischem Wasser gefüllt und gut erreichbar, immer auf demselben Platz stehen. Suchen Sie also einen Platz aus, wo dieser Pott das übliche Familienleben nicht behindert und wo eventuelle Überschwemmungen keinen Schaden anrichten. Und stellen Sie beide Näpfe etwas erhöht auf. Junghund-Schultern, nur an der noch nicht belastbaren Muskulatur aufgehängt, sind empfindliche Gelenke. Schonen Sie sie so viel wie möglich. Wenn Ihnen die handelsüblichen Alu-Gestänge nicht gefallen, kaufen Sie passende Blumen-Übertöpfe: So wird aus einem lästigen Gebrauchsgegenstand ein attraktiver Raumschmuck.

Und vergessen Sie das Fressen nicht: Fragen Sie vorher beim Züchter nach, was Sie brauchen. Abholtag ist meist Samstag. Und bis Sie zuhause sind, sind die Geschäfte alle geschlossen.

Der erste Tag - die erste Nacht

Fahren Sie, wenn Sie Klein-Hovi abholen, nicht allein. Nehmen Sie sich einen besonnenen Fahrer mit, dessen Fahrstil aus dem Welpen nicht schon bei seiner ersten großen Reise einen Auto-Phobiker macht. Legen Sie sich ein altes Handtuch über den Schoß, und setzen Sie Klein-Hovi drauf. Halten Sie eine Plastiktüte und eine Küchenrolle griffbereit, falls er sich übergeben sollte. Und bleiben Sie ganz gelassen. Je weniger Sie auf seine mögliche Unruhe eingehen, desto weniger wird ihn all das Neue aufregen.

Lassen Sie, wenn Sie zuhause angekommen sind, den Kleinen erst einmal in den Garten zum Schnuffeln und Abregen. Er kann dort in Ruhe seinen ersten See fabrizieren, und Sie können ihn dann - nach jedem Schlafen, jedem Fressen, jedem ausgiebigen Spiel - genau an dieselbe Pinkelstelle wieder hinausbringen.

Lassen Sie ihn nach dem Garten das Haus kennen lernen - in aller Ruhe und ganz nach Belieben. Laden Sie zur Begrüßung keine Gäste ein: Klein-Hovi sollte erst einmal sein eigenes neues Rudel kennen lernen, samt Kindern, Katzen und Kanaris. Lassen Sie ihm dazu Zeit. Dämpfen Sie die Begeisterung der Kinder. Bringen Sie ihnen gleich in der ersten Minute bei, dass sie warten müssen, dass der kleine Hund selbst entscheidet, wann und mit wem er spielt und schmust, dass sie ihn nicht hochheben dürfen, dass sein Schlafplatz, sein Fressnapf für Kinder tabu ist. Und passen Sie auf die Katze auf. Auch wenn es eigentlich einfach ist, einen jungen Hund an Katzen zu gewöhnen, könnte der Stubentiger auf den tapsigneugierigen Eindringling aggressiv reagieren, falls die Katze sich überfallen fühlt und nicht fliehen kann Und damit wäre eine mögliche, friedliche Kumpanei Katze-Hund von Anfang an ausgeschlossen.

Wenn es noch andere Hunde im Haus gibt, konzentrieren Sie sich erst einmal ganz auf die. Klein-Hovi wird das auch tun. Nehmen Sie, wenn Sie ihn abholen, keine Decke vom Züchter mit, in der noch der alte vertraute Rudelgeruch hängt. Im Gegenteil: Schlafen Sie vorher ein paar Nächte auf jenem Handtuch, das sie sich bei der Rückfahrt auf den Schoß legen

Wer seinem Hovi-Welpen den Garten überlässt, erkennt ihn bald nicht mehr wieder.
Foto: Gaby Abels

und auf das Sie Klein-Hovi im Auto setzen. Er wird dann bei seiner Ankunft nicht mehr so arg nach fremdem Rudel riechen, sondern nach Ihnen. Und das wird den Ersthund gnädiger stimmen und die Adoption leichter machen.

Gehen Sie - mitsamt Hundebaby - an diesem Abend erst schlafen, wenn alles ruhig ist. Legen Sie sich Schuhe und was zum Überziehen griffbereit, und richten Sie sich auf eine Nacht mit ein, zwei Unterbrechungen ein. Und beginnen Sie dann den nächsten Tag so, als sei einfach Alltag. Auch wenn es schwer fällt und Sie sich extra seinetwegen Urlaub genommen haben, bereiten Sie Klein-Hovi keine Ferienatmosphäre, in der alle Zeit haben und sich alles nur um ihn dreht. Die ersten Tage im neuen Heim sind für den Hund die wichtigsten. Er beobachtet, er erkundet, er passt sich an. Was ihm in diesen ersten Tagen passiert und begegnet, das hält er für „normal". Und das fordert er dann später ein, wenn Ihr Urlaub um ist und der Alltag Sie wieder hat. Gewöhnen Sie ihn also vom ersten Morgen an an die Alltagsordnung und an feste Zeiten.

Ernährung

Junge Hunde fressen alles, was nur irgendwie fressbar aussieht. Aber sie haben noch ein ziemlich empfindsames Gedärm. Halten Sie sich also erst einmal genau an den Futterplan, den Ihnen der Züchter gegeben hat, und verändern Sie daran vorläufig nichts. Und halten Sie sich auch ganz genau an den Zeitplan. Es gibt Leute, die schwärmen von der „freien Fütterung": Man stellt dem Hund die abgewogene Futterration für den Tag hin, und der frisst, wann und wie viel er will. Aber: Wenn ein Hund frisst, wann und wie viel er will, dann löst er sich auch, wann und so oft er will. Und das ist für die anliegende Erziehung zur Stubenreinheit nicht gerade förderlich.

Geben Sie Ihrem Welpen das Fressen nach Plan und zu ganz bestimmten Zeiten. Und übersehen Sie die Mengenangaben, die auf den Futterpackungen stehen: Die stimmen für große Hunde (erwachsen mehr als 25 Kilogramm) sowieso nie. Ich weiß nicht, woher die Industrie ihre Zahlen hat. Ich weiß auch nicht, warum diese Mengenangaben - trotz Einspruchs - nie korrigiert werden. Ich weiß nur, dass so mancher Hovi-Halter, der der Industrie mehr glaubte als dem Züchter oder dem eigenen Hund, sich einen lebenslänglichen Mäkler heranzog, den man zu jedem Essen eigens bitten und locken muss.

Laufen Sie Ihrem Hund mit dem Fressen nie hinterher. Geben Sie ihm so viel, wie er in fünf Minuten wegputzt. Und schütten

Der Züchter gewöhnt seine Welpen an bestimmtes Futter, an Mengen und Zeiten. Dieser Futterplan darf nur langsam und vorsichtig geändert werden.
Foto: G. Abels

Ein als Beispiel zu nehmender Futterplan für Welpen:

7 Uhr	2-4 Monate	4-6 Monate	6-8 Monate	8-10 Monate
	Welpenflocken mit Vollmilch oder Quark	wie vorher	langsam weglassen und 12 Uhr zuschlagen	
12 Uhr	Welpenkost aus der Dose oder aufgeweicht	wie vorher	wie vorher	nach und nach auf Erwachsenenkost umstellen
17 Uhr	wie 7 Uhr	langsam weglassen und 20 Uhr zuschlagen		
20 Uhr	wie 12 Uhr	wie vorher	wie vorher	nach und nach auf Erwachsenenkost umstellen

Sie den Rest lieber weg. Hat sich Ihr Hundchen nach drei bis vier Wochen mitsamt seinem Gedärm auf Sie und seine neue Umwelt eingestellt, dann dürfen und sollten Sie ihm auch etwas anderes, Neues anbieten. Aber immer wohldosiert und ohne krasse Änderungen. Bei jungen Hunden ist das wie bei jungen Menschen: Haben Sie in Kindertagen gelernt, dass alles gut schmeckt, was Mutter auf den Teller tut, dann futtern sie auch als Erwachsene alles, was auf den Tisch kommt. Gab es in Kindertagen keine oder zu wenig Abwechslung, dann wird der Erwachsene auf jede Veränderung mit Misstrauen und „Igitt" reagieren. Und das kann - gerade auf Reisen oder weil der Supermarkt sein Sortiment umgestellt hat - dann Probleme schaffen. Hovawarte sind gute Futterverwerter: Sie brauchen nicht viel. Und sie sind, wenn man sie nicht eigenhändig zum Nörgler und Mäkler erzieht, unkomplizierte Fresser.

Pflege und Gesundheit

Hovawarte sind - auch als Babys schon - pflegeleichte Hunde. Alles, was Sie für die Pflege brauchen, ist eine Bürste (es reicht auch eine ganz normale Drahthaarbürste aus dem Supermarkt) und ein griffbereites Frotteehandtuch, mit dem Sie bei Regenwetter Bauch und Füße trocken reiben. Ein trockener Hovawart ist ein sauberer Hovawart, und ein gestreichelter ist ein gepflegter.

Bürsten Sie das noch weiche Babyfell täglich einmal durch, nicht weil Jung-Hovi das nötig hätte, sondern damit er sich daran gewöhnt. Später, wenn das dichte Babyfell dem normalen Erwachsenenhaar Platz gemacht hat, reicht es, wenn Sie ihn einmal pro Woche durchbürsten und dabei vor allem auf die kritischen Stellen achten: hinter den Ohren, in den Achselhöhlen, die „Fahnen" an den Vorderbeinen und das „Höschen" an den Hinterschenkeln. Hier verfilzen die Haare leicht. Und wenn Sie diese Verfilzungen nicht im Ansatz auflösen, müssen Sie irgendwann mit der Schere ran.

Die Fellstruktur und die zugehörige Pflege ist bei Hovawarten ganz unterschiedlich. Es gibt Hunde, die haben (fast) überhaupt keine Unterwolle und haaren deshalb so gut wie nie. Es gibt Hovis, die haaren zweimal im Jahr: Einmal mehr und einmal sehr. Beim letzten Typ müssen Sie sich entscheiden: Entweder täglich bürsten - oder einen Industriestaubsauger kaufen.

Wenn Sie keinen anderen Hund im Hause haben, müssen Sie Augen und Ohren täglich säubern. Ansonsten können Sie sich mit der täglichen Kontrolle zufrieden geben. Baden sollten Sie Ihren Hovawart nie, aber mit ihm in sauberen Seen baden gehen jederzeit. Hovawarte sind, wenn sie erst einmal Geschmack daran gefunden haben, die reinsten Wasserratten.

Von klein auf daran gewöhnt, dass Bürsten angenehm ist, wird hier die Fellpflege sichtlich genossen.
Foto: U. Schanz

Ein (heute) moderner Impfplan sieht etwa folgendermassen aus:

Lebensalter in Wochen	6	8	12	(16)*	1. Auffrischung nach	weitere
Parvovirose	x	x	x	(x)*	6-12 Monaten	jährlich
Staupe	(x)*	x	x	(x)*	1 Jahr	jährlich
Hepatitis		x	x	(x)*	1 Jahr	jährlich
Leptospirose		x	x	(x)*	1 Jahr	jährlich
Zwingerhusten			x	x	1 Jahr	jährlich
Tollwut			x	(x)*	1 Jahr	jährlich

(x)* je nach Gefährdung durch die Umwelt und nach Absprache mit dem Tierarzt

Impfung

Der Züchter hat mit der Grundimmunisierung schon begonnen. Sie müssen das jetzt weiterführen. Gegen was man wann impft, das hat sich im Laufe der Zeit sehr verändert, und das ändert sich immer noch. Seien Sie also offen für Neuerungen, und lassen Sie sich von Ihrem Tierarzt beraten. Wenn aber dessen Impfplan nicht mit dem des Züchters übereinstimmt, wenn der Arzt meint: „Das braucht man nicht", dann setzen Sie sich sofort mit dem Züchter in Verbindung. Nicht jeder Arzt hat dieselben Vorstellungen und Pläne. Es gibt auch zwischen Arzt und Arzt Kommunikationsprobleme. Lassen Sie dieses Risiko nicht Ihr Hundchen tragen.

Würmer

Vor jeder Impfung muss sicher sein, dass Ihr Hund wurmfrei ist. Wurmbefall kann das Immunsystem eines jungen Hundes so belasten, dass jede Impfung „für die Katz" ist. Behalten Sie also Ihren Junghund und seine Häufchen im Auge, und packen Sie - ehe es ans Impfen geht - sicherheitshalber eine Kotprobe für den Tierarzt ein. Würmer sind bei jungen Hunden fast die Regel. Sie dürfen sie erst vergessen, wenn Ihr Hund nach vier Jahren ganz und gar erwachsen und gesund ist.

Zecken

Zecken können gefährliche Krankheiten übertragen. Fischen Sie ihm deshalb die Viecher so schnell wie möglich aus dem Fell. Je länger sie festsitzen und je mehr an ihnen herummanipuliert wird, desto eher geben sie ihren möglicherweise krank machenden Mageninhalt ab. Also: Sehen, greifen, rausholen und weg damit in ein bereitstehendes Glas mit entspanntem Wasser (Spülmittel). Ältere, schon dickgesaugte Zecken greift man sicher mit den

Fingernägeln und holt sie mit einer kurzen Drehung raus. Für kleine Frischangesaugte empfiehlt sich eine Zeckenzange. Ein Zeckenhalsband schützt den Hund nur bedingt: Zecken streift ein Hund im Gebüsch ab. Sie sitzen deshalb immer zuerst auf dem Kopf. Und wenn sie - wegen des Zeckenhalsbands - dann nicht weiter kommen, setzen sie sich eben direkt im Gesicht ab, in den Augenlidern oder - Vorsicht, Vorsicht - im Gehörgang. Außerdem: Zecken leben nicht nur in Wald und Flur. Sie leben auch in ganz gepflegten Hausgärten.

Flöhe

Flöhe gibt es überall. Ihr Hovi kann sie sich ganz zufällig und überall holen. Selbst Menschen - mit Hund und Katz und Floh zuhause - können Flöhe mitbringen.

Einen Floh erkennen Sie ganz einfach: Ihr Hovi hat ein braunes Krabbelding im Fell, Sie greifen danach, und es verschwindet unter Ihren Fingern in tiefere Gefilde. Gewöhnen Sie Klein-Hovi deshalb von Anfang ans Sich-Absuchen-Lassen und Stillhalten. Und noch was: Der eine Floh, den man sieht, der sitzt meist am Kopf oder im Nackenbereich des Hundes. Aber die meisten Flöhe verbringen die meiste Zeit irgendwo im weichen Hundelager oder Teppichboden, wo sie auch ihre Eier, die Nissen, legen. Den Hund mit Flohhalsband und anderen Chemikalien nachträglich zu schützen, nützt Ihnen wenig. Wenn dem Floh der Hund nicht mehr schmeckt, dann hält er sich eben an Sie. Wirklicher Flohschutz beginnt deshalb immer im Hundelager. Waschen Sie die Decke regelmäßig und sprühen Sie regelmäßig alle Ritzen ab. Auch und erst recht für Flöhe gilt: Sehen, greifen und ab damit ins Glas mit Spüli-Wasser.

Nicht jeder Hund, der sich kratzt, hat deshalb Flöhe. Aber wenn er sich mehr kratzt als sonst, und plötzlich hektisch in sein Fell beißt, dann ist das verdächtig.
Foto: Gaby Abels

Herbstgrasmilben

Grasmilben fühlen sich nach heißen, trockenen Sommern besonders auf gut gepflegten, kurzen Rasenflächen wohl. Und sie lieben junge Hunde mit weichen Bäuchlein. Sie erkennen Grasmilben am verzeifelten Knabbern des Hundes, an kahlen, sich ausbreitenden und wandernden Stellen mit roten Punkten. Gegen

Grasmilbenbefall kann nur der Tierarzt helfen - und eine Sonderbehandlung mit (na was wohl?) Spüli: Man reibt die befallenen Stellen mit einer konzentrierten Lösung ein, weicht sie geradezu ein und pult dann mit den Fingernägeln die Milbeneier (das sind die roten Pünktchen) sorgsam raus.

Wespen

Hovawarte fangen und fressen nicht nur Fliegen und Spinnen. Sie jagen und fangen auch Wespen. Sollte Ihr Klein-Hovi solche Anwandlungen entwickeln, gewöhnen Sie sie ihm sofort wieder ab. Am einfachsten geht das, wenn Sie sich für den Sommertag im Garten eine gefüllte Wasserpistole griffbereit hinlegen und Ihrem Abenteurer mit einem scharfen „Nein" jedes Mal eine volle Ladung ins Gesicht spritzen, sobald sich seine neugierige Schnauze einer Wespe (Biene oder Hornisse) überhaupt nur nähert. Ein von Ihnen nicht bemerkter, nicht notärztlich behandelter Wespenstich in die Zunge ist tödlich.

Was durch den Garten fliegt und summt, wird von Klein-Hovi gejagt, falls Sie ihm nicht beibringen, dass gelb-schwarz tabu ist. Foto: InfoHund Krämer

Aber auf Hunde lauern nicht nur sichtbare Gefahren. Auf (vor allem junge, neugierige) Hunde lauern neuerdings auch überall unsichtbare Gefahren, solche, die es vor wenigen Jahrzehnten noch nicht gab und auf die weder wir noch unsere Hunde irgendwie instinktiv eingestellt sind. Und deshalb:

- Lassen Sie ihren Hovi draußen nicht aus Bächen trinken oder an frischen Feldsaaten knabbern: Schon die kleinsten Bäche führen ihr gerammeltes Maß an unsichtbaren Giften mit sich, und die frischen Saaten sind allesamt gespritzt.
- Passen Sie auf, was Ihr Hovi draußen findet und aufnehmen will: Es könnten ausgelegte Rattengift-Köder sein oder Tollwutschutzimpfungen für Füchse.
- Geben Sie Ihrem Hund nie rohes oder nur getrocknetes Schweine- oder Rindfleisch zum Fressen: Der Aujeszkyvirus (die „Scheinwut") kommt mit Sicherheit in Schweinen vor, wahrscheinlich aber auch in Rindern. Gegen ihn gibt es keine Impfung und keine Therapie. Er ist absolut tödlich. Gegen ihn hilft nur Abkochen und - keine getrockneten Schweinsohren füttern.

- Geben Sie ihm auch nie ungekochtes oder nur getrocknetes Geflügelfleisch oder rohe Eier: Salmonellen, die - im Gegensatz zu uns - Legebatterien lieben, sind gerade für junge Hunde lebensgefährlich.
- Knochen sind keine Hundenahrung. Sie können Verstopfungen und Darmverschluss nach sich ziehen. Sie sind - abgekocht(!!!) - eine willkommene Abwechslung für Große. Aber sie sind ein gefährliches Spielzeug für Welpen. Machen Sie es wie die Hundemutter: Geben Sie Klein-Hovi keine Knochen.
- Und Mäuse? Warum soll Klein-Hovi nicht Mäuse fangen? Das macht er doch so gerne. - Ganz einfach: Weil man heutzutage nicht mehr weiß, was das Mäuschen gefressen hat und ob es gesund ist. Leider.
- Und was ist mit dieser ekligen Kotfresserei, die gerade junge Hunde so häufig zeigen? - Dagegen gibt es gute Mittel. Ein Hund, der Kot frisst, dem fehlt etwas. Lassen Sie sich vom Tierarzt die passenden Mineral- und Vitamintabletten geben, dann hört das von alleine auf.

Aus Pfützen sollte ein Hund unterwegs nie trinken und möglichst auch nicht aus Gräben oder Bächen.
Foto: U. Schanz

Die Grunderziehung

Das Wichtigste für das gedeihliche Miteinander von Mensch und großem, wehrhaftem Hund ist die gute Sozialisation beim Züchter. Das Zweitwichtigste aber ist die gute Grunderziehung beim Halter.

Verwechseln Sie bitte nicht Erziehung mit Ausbildung. Erziehung ist das, was zuhause in der Familie geschieht und was der Ausbildung, draußen in der Schule, vorausgeht. Das ist bei den Hunden wie bei den Menschen: Ein vorher gut erzogenes Kind hat, wenn es später in die Schule kommt, erst einmal keine Probleme. War aber die Grunderziehung zuhause eher mangelhaft, dann sind die Chancen auf eine gute Ausbildung in der Schule das auch. Lehrer erziehen nicht, sie bilden nur aus. Sie können Ihren Hovi später von jedem Hundelehrer in jeder Hundeschule ausbilden lassen. Erziehen lassen können Sie ihn nicht. Erziehen müssen Sie Ihren Hund schon selber.

Mit der Ausbildung sollten Sie sich Zeit lassen: Hovawarte sind Spätentwickler, und sie lernen - wenn man sie nur lässt - ein Leben lang. Mit der Erziehung allerdings müssen Sie vom ersten Tag an beginnen: Mit etwa zehn Monaten kommt jeder Hovawart in seine Pubertät, in die „Flegelmonate", in denen er kein kleiner Hund mehr sein will und ausprobiert, wie weit er gehen kann. Und wenn die Grunderziehung dann nicht zuverlässig sitzt, dann sitzt sie nie mehr.

Was muss Klein-Hovi lernen, damit Ihnen Jung-Hovi nicht acht oder zehn Monate später die Harke zeigt?

Die Gewöhnung an die Familienordnung: Das Nein ...

Zunächst einmal muss sich Klein-Hovi an das Familienrudel und an dessen Tagesrhythmus anpassen. Er muss lernen, nachts durchzuschlafen und auch schon mal - sekundenweise - hinter einer geschlossenen Tür allein zürückzubleiben. Er muss lernen, dass man seine Seen und Haufen immer nur auf die offizielle „Pinkelstelle" setzt. Er muss lernen, dass Sofakissen und Stuhlbeine nichts für junge Hunde sind. Er muss lernen, dass „Nein" Nein heißt. Immer und jedes Mal. Und diese Lektion ist wohl die allerschwierigste - für den Halter:

Ein Nicht-Hundemensch kann sich nicht vorstellen, dass ein ansonsten ganz vernunftbegabter Mensch in Lachen ausbricht, wenn er sieht, wie Klein-Hovi stolz auf den Resten der neuen Rheumadecke steht und nun gelobt werden will. Ein Hundemensch kann das. Er muss dann - in Sekundenbruchteilen - sein Lachen hinunterschlucken, wie ein Berserker über die arme, kaputte Decke herfahren und sie strafen (und nicht etwa den Hund!!!). Er muss viele unschuldige Dinge strafen, obwohl er weiß, Klein-Hovi beeindruckt das nur kurzfristig, der ist schon längst wieder unterwegs, um neue „Feinde" aufzuspüren und totzuschütteln. Er, der Halter, muss allerdings auch den Nerv haben, den armen, unschuldigen Hausschuh einfach wortlos in den Müll zu werfen, wenn er das Pech hatte, Klein-Hovi bei dessen Zerlegung nicht persönlich anzutreffen. Und er muss den Nerv haben, einen schon vorhandenen See, einen schon gelegten Haufen mit Gelassenheit und stumm wegzuräumen.

Was passiert ist, ist passiert. Hinterherschimpfen nützt überhaupt nichts. Klein-Hovi lebt - wie alle Hunde - nur im Jetzt. Was noch vor einer Minute war, hat er schnell vergessen, und was kommt, ist ihm ziemlich egal.

Er kann und wird nur Konsequenzen ziehen und lernen, wenn auf das, was er jetzt tut, auch jetzt im Moment die eindeutige Antwort kommt.

Behalten Sie also Ihren Wusel im Auge. Und wenn Sie mal wieder zu spät gekommen sind, ärgern Sie sich nicht.

Warten Sie einfach auf die nächste Gelegenheit, ihm mit einem scharfen „Nein" in die Parade zu fahren. Sie kommt bestimmt.

... UND DIE BEISSHEMMUNG

Dann muss Klein-Hovi lernen, sich ohne Proteste und ohne zu beißen kontrollieren, anfassen, pflegen zu lassen: Nicht jede Zecke ist leicht - quasi im Handumdrehen - zu entfernen, und Kletten aus dem Fell holen, das geht ohne Ziepen gar nicht. Üben Sie dieses „Steh" und „Halt still" täglich, auch wenn gar kein Grund vorhanden ist. Und wenn Klein-Hovi darauf unwillig oder gar aggressiv reagiert, dann lassen Sie das nicht durchgehen. Werden Sie ganz schnell noch viel unwilliger.

Aber bitte nicht mit dem leider immer noch empfohlenen „Nackengriff" und „Auf-den-Rücken-werfen". Der Nackengriff ist ein Tötungsgriff. Ihn benutzen Hunde nur, wenn sie Beute, die kleiner ist als sie selber, totschütteln. Klein-Hovi aber soll Ihnen gegenüber keine Todesangst entwickeln. Er soll Respekt vor Ihnen und Ihren Anweisungen lernen. Er soll Ihnen auch weiterhin vertrauen. Und der klassische „Rückenwurf", der gilt nur unter menschlichen Ringern als Zeichen der „Kampfaufgabe". Hunde und erst recht selbstbewusste Hovawarte lassen sich nicht passiv zur Unterwerfung zwingen. Sie rollen sich entweder freiwillig und aktiv selbst auf den Rücken. Oder sie beißen - auf dem Rücken liegend - erst recht weiter. Versuchen Sie das erst gar nicht. Machen Sie es so, wie Klein-Hovis Mutter das tat: Packen Sie grollend und mit quasi-gebleckten Zähnen die aufmüpfige Schnauze, schütteln Sie sie derb und drücken Sie sie mit Geknurre hinunter. Und wenn er dann immer noch nicht freiwillig und von selber nachgibt, dann lassen Sie ihn mit einer großen Verachtungsgeste einfach allein: Liebesentzug, Spielabbruch ist für Klein-Hovi (und für Groß-Hovi auch) immer noch die härteste Strafe, die es gibt.

Diese Geste versteht jeder Hovi sofort, denn so (und notfalls mit Knurren und Schütteln) bringt auch seine Mutter ihn zur Raison. Foto: U. Schanz

Und üben Sie auch täglich einmal mit ihm „Gib her": Sie stellen ihm das Fressen hin, und in dem Moment, in dem er sich darüber hermachen will, sagen Sie „Nein, gib her" und nehmen es weg. Lässt er sich das gefallen, bekommt er es mit einem „So ist's brav, nun friss" gleich wieder. Protestiert er, knurrt er Sie an, gehen Sie mit deutlichem Gegengeknurre einfach mit dem Fressen weg und spielen dasselbe

Gehorsam ist, wenn der große, kräftige Hovi sich ohne jeden Protest den vollen Futternapf wieder wegnehmen lässt, und geduldig wartet. Foto: U. Schanz

Spiel nach einer Minute noch einmal. Und nehmen Sie ihm auch täglich einmal sein Spielzeug weg. Klein-Hovi MUSS lernen, dass alles, was Sie sagen, zu befolgen ist - egal für wie ungerecht er diese Anordnung hält. Er MUSS Sie als „sein Alttier" respektieren, als ein Alttier, das zwar mitunter seltsame Launen hat, dem man aber vertrauen kann und gegen das man sich nie, nie, nie wehren muss.

Und Sie als Hovi-Halter, Sie müssen jetzt lernen, sich Ihrem Hund gegenüber durchzusetzen: nicht mit Gewalt und Grobheit, sondern gelassen und liebevoll, aber gleichzeitig auch konsequent und ohne zögerliche Kompromisse. Lernen Sie das jetzt, damit Sie, wenn Jung-Hovi in die Pubertät kommt, ganz sicher sagen können: „Mein Hund und beißen? Nie!!!"

Stammt Klein-Hovi von einem guten Züchter, dann ist seine Eingewöhnung und Grunderziehung eigentlich einfach. Er kennt ja fast alles schon. Sie müssen die begonnene Erziehung nur noch konsequent und täglich fortsetzen. Stammt er aber aus nicht so optimalen Verhältnissen, dann dürfen Sie nicht ungeduldig werden. Dann müssen Sie Geduld haben. Das Wichtigste, was ein junger Hund lernen muss, ist Vertrauen zu haben zu seinem Menschen. Bleiben Sie also in allem, was Sie tun, sein zuverlässiges „Alttier", seine „Mutter". Jung-Hovi wird Sie lieben und Ihnen freiwillig folgen.

Die Gewöhnung an die Welt draussen: Die Erziehung zum Frieden

Hovawarte sind Lagerhunde, geborene Wach- und Schutzhunde. Sie verteidigen und beschützen ihr Rudel, sobald sie erwachsen sind, gegen jeden vermeintlichen Störenfried. Nutzen Sie also die angeborene Jugendzahmheit Ihres Hundes, und zeigen Sie ihm, dass die Welt da draußen auch ganz freundlich ist. Ein Hovawart, der als Welpe und Junghund viel freundliche Kontakte draußen hatte, wird, sobald er erwachsen ist, zwar kein

Allerweltsliebling, aber er wird toleranter. Und diese Toleranz Fremdem gegenüber schont Ihre Nerven ganz enorm.

Holen Sie sich also Ihren Welpen und stellen Sie ihn erst einmal den direkten Nachbarn vor: Zeigen Sie ihm Nachbars Katzen, Hühner, Dackel, und arrangieren Sie so viel fröhliche Treffs wie nur möglich. Wenn Jung-Hovi erwachsen wird, wird er zwar ganz genau zwischen „mein Rudel" und „nicht mein Rudel" unterscheiden. Aber alte Sandkasten-Freunde vergisst er deshalb trotzdem nicht.

Und wenn keine eigenen Kinder im Haus sind, gewöhnen Sie ihn auch an Kinder draußen. Kinder sind für einen Hund nicht einfach kleine Menschen: Kinder bewegen sich anders, sie benehmen sich anders. Suchen Sie hundefreundliche Kinder zum Spiel mit Ihrem Jung-Hovi. Kinderfreundlichkeit ist keinem Hund angeboren. Kinderfreundlichkeit muss jeder Hund erst einmal ganz persönlich lernen.

Sollte es in Ihrer Nähe einen Hundeverein geben, der Welpenspielstunden anbietet, nehmen Sie die Gelegenheit dazu wahr. Ziehen Sie so oft wie möglich dorthin, und lassen Sie Jung-Hovi fröhlich mit Gleichaltrigen und Noch-Gleichgesinnten spielen. Aber lassen Sie sich bitte auch auf dem Welpenspielplatz die Erziehung Ihres Hundes nicht aus der Hand nehmen. Behalten Sie ihn im Auge und unterbinden Sie - mit Fingerspitzengefühl, aber mit Konsequenz - jede Art von Rauferei. Hovawarte sind von sich aus temperamentvolle, wehrhafte Hunde, und sie neigen, wenn sie erst einmal erwachsen sind, dazu, andere Hunde zu dominieren. Nutzen Sie also die Welpenspielstunden als „Erziehung zum Frieden": Belohnen Sie Hovis erste Dominanzversuche anderen gegenüber nicht. NIE. Lassen Sie Ihren Hovi dort aber auch nicht von anderen dominieren. Hovawarte jeden Alters haben ein elefantöses Gedächtnis: Sie stecken ganz selbstbewusst viel weg. Nur irgendwann heißt es dann: „Jetzt reicht's!" Und schon stehen Sie und

Welpen, die viel mit hundefreundlichen Kindern zusammenkommen, haben die besten Chancen, kinderfreundliche Hunde zu werden. Foto. G. Abels

Welpenspielstunde und gemeinsame Spaziergänge mit anderen Hunden aus der Nachbarschaft machen jeden Hund gelassener und toleranter.
Foto: U. Schanz

Ihr Jung-Hovi als Störenfriede und Raufbolde da. Passen Sie also auf. Raufer werden nicht geboren, Raufer werden gemacht. Suchen Sie sich lieber eine ruhigere Gruppe.

Außerdem: In den Welpenspielstunden lernt Ihr Hovi nur fröhliche Welpen, ein paar ausgesucht freundliche Große und lauter hundebegeisterte Menschen kennen. Die Welt da draußen sieht jedoch mitunter ganz anders aus: Da gibt es unerzogene Halbstarke, griesgrämige Alte, Platzhirsche, Zimtzicken und geschlossene Rudel. Und es gibt Menschen, die sich schon vor einem zwölf Wochen alten Hovawart fürchten und damit nicht hinterm Berg halten. Zeigen Sie Klein-Hovi diese Welt rechtzeitig. Noch ist er klein. Noch reagiert er auf Aggression mit Flucht zu Ihnen und - zur Not - mit dem großen Welpen-Unterwerfungsritual: auf den Rücken werfen und pinkeln. Aber das ändert sich schnell, sehr schnell.

Bringen Sie deshalb Klein-Hovi von Anfang an auch den Umgang mit weniger freundlichen Zeitgenossen bei. Erziehen Sie ihn von Anfang an zu Gelassenheit und Toleranz. Und bringen Sie ihm ebenso das Bei-Fuß-Gehen an der Leine bei. Ich weiß: Angesehen ist man in Hundekreisen nur, wenn der Hund frei, ohne Leine mitläuft. Aber unsere moderne Welt besteht nicht nur aus Hundekreisen. Mit einem wohl erzogenen Hovawart an der Leine können

Sie sich überall auf dieser Welt viel freier bewegen als ohne Leine. Und Ihr Hund ebenfalls, auch wenn sich das unlogisch anhört.

Lassen Sie ihm seine Eigenarten

Hovawart ist nicht gleich Hovawart. Jeder Hovawart ist anders. Aber eines haben alle gemeinsam: Sie entwickeln schon in Babytagen ihre Eigenarten, jeder die seinen. Und sie verteidigen die dann eigenwillig gegen jeden Eingriff und jeden Umerziehungsversuch.

Der eine bringt sich von jedem Spaziergang einen neuen Stock mit. Nein, nicht zum Zernagen, zum Aufheben. Und er hütet seine Stöckesammlung wie seinen Augapfel, und wehe dem, der meint, man könne mit diesen Stöcken auch Apportieren spielen: Er wird sich wundern. Ein anderer sammelt Stofftiere. Und jeder Besucher bekommt erst einmal die wertvollsten Stücke dieser Sammlung präsentiert. Nein, nicht zum Tauziehen! Zum Staunen! Himmel!!! Ein Dritter ist der festen Überzeugung, dass Knöpfe an Bettdecken nichts zu suchen haben. Und er setzt das auch durch, unerbittlich. Ein Vierter ist der Meinung, dass Igel nicht in den Garten gehören, sondern ins Haus, und er schleppt - auch wenn's wehtut und das Zahnfleisch blutet - Igel auf Igel ins Wohnzimmer. Ein Fünfter liebt Gänseblümchen und verteidigt die gegen jede Wespe. Ein Sechster ist fest davon überzeugt, dass Essensreste nicht in die Küche gehören, sondern in den Blumentopf. Und ein Siebter kann es auf den Tod nicht ausstehen, wenn sich Welpen draußen „kindisch" benehmen, sich balgen, sich jagen. Da muss er, selber noch Welpe, dazwischen und Ordnung schaffen.

Manche dieser Eigenarten sind lustig, manche kann man mit Geduld ertragen, andere nerven. Aber - mit Gewalt kommen Sie gegen diese „Ticks" nicht an: Ihr Hovawart würde Sie nur mit Verachtung, Liebesentzug und Spielabbruch strafen, er würde Ihre Kompetenz als zuverlässiges Alttier ab sofort ernsthaft in Zweifel ziehen und ganz eigenwillig auf eine nächste Gelegenheit warten. Wenn solche Hovi-Ticks Sie nerven, nützt nur eins: Sie müssen sich etwas anderes ausdenken oder Kompromisse schließen.

Gegen die Entknöpfungsmanie half nur ein rigoroser Knopfverzicht im ganzen Haus ein ganzes Jahr lang: Dann war die Geschichte vergessen. Gegen die Igelschlepperei half ein einmaliges, massives Einsprühen des armen zusammengerollten Wesens mit Flohspray: Igitt, so einen Stinkebrocken fasst doch ein Hovawart nicht mehr an! Gegen zu viel Ordnungsliebe draußen half erst einmal nur die kurze Leine und die strikte, auf jeden „kindischen Hund" einzeln ausgesprochene Anweisung: „Den lässt du in Ruhe! Den lässt du in Ruhe! Den lässt du in Ruhe!" Gegen die Wespen-Killerei half allerdings nur die eigene schlechte Erfahrung. Die half dann aber gründlich, und seitdem war Wespenfangen für alle und jeden strengstens verboten.

Aber keine Sorge: Die meisten Ticks sind harmlos. Und die meisten verlieren, wenn Sie selber darauf nicht groß eingehen oder stattdessen was anderes ins Spiel bringen, bald ihre Attraktivität. Bleiben Sie also ganz cool. Und machen Sie sich von Anfang an eins klar: Eine Null-Acht-Fuffzehn-Erziehung für Hovawarte gibt es nicht. Die kann es gar nicht geben. An der Entstehung dieser Rasse waren so unterschiedliche Typen beteiligt wie selbstbewusste Hofwächter, eigenständige Herdenschutzhunde, bräsige Neufundländer, führige Schäferhunde. Was Ihr Hovi an Erbe mitbringt und wie sich dieses breit gestreute Erbe gerade bei ihm mischt oder entmischt, das müssen Sie erst einmal selbst herausfinden und dann ganz persönlich und passend reagieren: Was bei einem auf Anhieb klappt, hinterlässt beim anderen nur ein gelangweiltes Gähnen. Was der eine gelassen nimmt, das bringt den anderen sofort in Harnisch.

Es gibt Hunde, die bringen von jedem Spaziergang eine Trophäe mit nach Haus. Aber zum Glück darf Mensch die dann vier bis sechs Jahre später wegräumen.
Foto: U. Schanz

Und außerdem gibt es da ja auch noch jene seltenen, aber dafür umso auffälligeren Tessa-Erben, denen man auf Bauernrekelmanier überhaupt nicht kommen kann: Die wollen schon als Welpen zu allem gebeten werden wie edle Windhunde. Unerziehbar aber, wie häufig behauptet wird, sind diese Tessa-Erben nicht. Im Gegenteil: Anka von Foßredder, Hovawart-Ahnin und Tessa-Erbin, sahnte alles in Pokalen ab, was es nur gab. Und meine Bessy ist die führigste Hovawartin der Welt - solange wir beide uns einig sind ...

Jeder Hovawart ist anders. Jeder junge Hovawart will und muss immer ganz persönlich und als Unikat behandelt und erzogen werden. Jeder entwickelt schon als Junghund seine persönlichen, fest sitzenden Eigenarten, seinen Charakter. Hovawarte sind schon als Junghunde Hunde mit Charakter. Akzeptieren Sie das einfach. Verbiegen Sie Ihren Hovi nicht. Er akzeptiert Sie ja auch so, wie Sie sind.

Der erwachsene Hovawart

Mit spätestens zehn Monaten ist Ihr Hovawart dem Welpen- und Junghundalter entwachsen. Die meisten (nicht alle) Rüden heben jetzt das Bein. Die meisten (nicht alle) Hündinnen waren zum ersten Mal läufig. Und das Einsetzen der Sexualität stoppt das Höhenwachstum ganz schnell: Ihr Hovawart legt jetzt vielleicht noch einen Zentimeter an Schulterhöhe zu, mehr nicht. Von nun an steckt er jede Energiezufuhr in Muskelkraft. Mit etwa drei Jahren ist er rein körperlich so gut wie ausgewachsen und belastbar, mit etwa vier Jahren ist er das auch „im Kopf". Hovawarte sind Spätentwickler. Sie sollten Ihren Hovi aber trotzdem von jetzt an als Erwachsenen behandeln.

Da Hund beim Fressen meistens steht, ist für große Hunde ein hochgesetzter Futter- und Wassernapf besser.
Foto: G. Abels

Ernährung

Es gibt Leute, die schwören auf Hausmannskost und möchten sich das tägliche Extra-Kochen für den Hund gar nicht nehmen lassen. Dagegen ist absolut nichts zu sagen, solange zwei Grundprinzipien eingehalten werden:

Ein Hund ist kein Fleischfresser

Hunde sind von Haus aus Raubtiere, Laufjäger. Unter natürlichen Bedingungen, im jagenden Rudel würden sie von pflanzenfressenden Tieren leben, von deren Magen- und Darminhalten, von deren Haut und Knochen, also von ein bisschen Fleisch mit viel vorverdautem Gemüse oder Getreide und viel „Ballaststoffen". Das ist auch der Grund, warum Mensch und Hund nie Rivalen waren, sondern immer Kumpane (die, die zusammen ihr Brot essen): Die Hunde bevorzugten die Innereien, die Mark- und Knorpelteile, die Menschen bekamen das Steak.

Die artgerechte Ernährung eines Hundes besteht daher aus 20 Prozent Fleisch, 15 Prozent Fett und 65 Prozent Gemüse und Getreide. Das Fleisch (Eiweiß) dient der allgemeinen Lebenserhaltung, die Fette sind gut für Dauerleistungen, das Getreide-Gemüse (Kohlenhydrate) steigert die momentane Energieversorgung. Das ist bei den Hunden nicht anders als bei den Menschen: Fleisch macht nicht munter, sondern erst einmal müde. Und zu viel Fleisch macht dick und krank. Es belastet den Organismus, vor allem die Nieren. Fleisch ist nur wichtig für alle, die viel wachsen und viel schlafen: für Welpen und für tragende und säugende Hündinnen. Alle anderen sollten mit Fleisch eher vorsichtig sein: Verhungernde Hunde gibt es hier zu Lande kaum, aber solche, die im besten Hundealter mit fünf oder sechs Jahren an Nierenversagen sterben, viel zu viele.

Ein Hund ist kein Abfalleimer

Hunde sind Allesfresser wie wir Menschen auch. Da sie jedoch im Gegensatz zu Menschen nicht breitflächig schwitzen, ist ihr Salzbedarf verschwindend gering. Sie decken ihn üblicherweise und bedarfsgerecht über die Mineralien und Spurenelemente, die im Fleisch enthalten sind. Deshalb ist Fleisch in Maßen für Hunde so wichtig und vegetarische Ernährung so ausgesprochen heikel. Menschliches Essen hingegen, und sei es trockenes Brot, ist für Hunde immer viel zu salzhaltig. Und zu viel Salz wird mit Wasseransammlung im Körper, mit Bluthochdruck und Herzkrankheiten bezahlt.

Aber Hunde haben nicht nur einen anderen Wärmehaushalt als wir. Sie haben auch einen viel, viel kürzeren Darm: Sie können deshalb mitunter Sachen fressen, von denen wir glatt krank würden. Sie können das, weil die Darmpassage so schnell geht, dass an sich schädliche Stoffe eher ausgeschieden als verdaut sind. Aus demselben Grunde können sie allerdings nur gekochtes (vorverdautes) Gemüse aufschlüsseln, und sie können nur gekochte und gepampte Karotten und Kartoffeln ausbeuten. Es ist schon merkwürdig: Ein Hundemagen lässt vom Rindermarkknochen nichts übrig, aber das Stückchen Karotte wird Stunden später fast unbeschädigt wieder rausgelegt. Und deshalb brauchen Hunde ein eigens für sie hergestelltes Hundefutter.

Das artgerechte Hundefutter

Sie können - nach dem Motto „Liebe geht durch den Magen" - für Ihren Hovi natürlich täglich kochen: Ein Teil Fleisch und Fett, zwei Teile Getreide und Gemüse.

Nach demselben Motte können Sie diese Mischung aber auch fertig kaufen und sie täglich frisch präsentieren. Die Tierfutter-Industrie bietet heute für jeden Hund und für jeden Geschmack etwas Passendes an. Dieses Fertigfutter ist gesund, ausgewogen und preisgünstiger als jede eigene Kocherei. Und es hat zwei nicht zu verachtende Vorteile:

- Der Hundefuttermarkt ist ein heiß umkämpfter Markt, den sich ganz wenige Konkurrenten teilen. Sich dort durchsetzen und halten, das kann nur der, der sich keine Panschereien erlaubt. Hundefutter wird von aufmerksamen Konkurrenten viel besser überwacht und kontrolliert als „Menschenfutter".
- Fertiges Hundefutter, dasselbe oder ähnliches, gibt es überall zu kaufen. Sie können es als Vorrat ins Urlaubsgepäck packen. Sie können dem eventuell doch einmal nötigen Hovi-Sitter sagen, wo es griffbereit steht.

Trockenfutter oder Feuchtfutter?

Ob Sie nun Hovis Fressen als Trockenfutter im Sack oder als Feuchtfutter in der Dose kaufen, das müssen Sie selbst entscheiden. Trockenfutter enthält auf ein Kilogramm 10-12 Prozent Wasser und 3.100 Kilokalorien Nährstoffe. Feuchtfutter dagegen enthält 70-80 Prozent Wasser (mehr als in frischem Fleisch und Gemüse

Bei einem Hovi sollen in jedem Alter die Rippen beim Abtasten noch deutlich fühlbar sein, dann hat er seine ideale (und gesündeste) Figur.
Foto: U. Schanz

drin sein dürfte) und nur 1.000 Kilokalorien (s. Niemand, 1994). Das heißt: Sie zahlen und schleppen sehr viel, sehr teures Wasser nach Hause, das Sie preiswerter aus dem Wasserhahn holen, darüberschütten oder daneben stellen könnten.

Tockenfutter hat noch einen zweiten Vorteil: Es regt, unaufgeweicht und als Trockenfutter gegeben, den Hund zum Kauen und Nagen an. Es reinigt und massiert Zähne und Zahnfleisch. Es erspart uns den Einsatz von eventuell gefährlichen Knochen und den von ganz schnell unappetitlichen Kauknochen. Trockenfutter hat nur zwei Nachteile:

Nach dem Fressen soll Hund ruh'n und keine tausend Schritte tun!
Foto: G. Abels

- Hunde, die Feuchtfutter gewöhnt sind, vermissen die vielen anregenden Geschmacksaromen, die im Trockenfutter nicht drin sind, weil sie sowieso verduften würden. Aber solche „Mäkler" kann man mit einer Prise Butter oder Parmesello locken - oder mit einer Tasse warmen Wassers obendrauf, das den Geruch fördert.
- Seit die Antioxidantien ins Gerede gekommen sind, sind häufig zu wenig essenzielle Fettsäuren im Trockenfutter. Geben Sie Ihrem Hovi also einen Schwupp Sonnenblumenöl oder Schmalz ins Fressen.

Wie viel frisst ein Hovawart?

Dass große Hunde ihren Haltern die Haare vom Kopf fressen, ist ein kaum auszurottendes Vorurteil. Erst neulich las ich in einem ansonsten ernst gemeinten Hovawart-Buch, dass die Ernährung eines erwachsenen Hovawarts monatlich etwa 400.- DM kosten solle. Ich selber habe im Moment drei große Hunde im Haus, und ihr Fressen kostet mich - samt Leckerlis und Extras - rund 120.- DM im Monat. Das heißt.: Im Schnitt frisst jeder Hund für 40.- DM im Monat, also gerade mal ein Zehntel der genannten Summe. Sicherlich, man kann große Hunde auch mit Lendchen und Tatar füttern, mit Onkel Bens Reis und Brokkoli in Spargelsauce. Aber wer tut das schon? Ich nicht. Und meine Hunde sind gesund, sie sehen den Tierarzt nur zum Impfen.

Außerdem: Auf der Packung meines Hundefutters (und nicht nur bei dem) steht eine Fütterungsanleitung, die mir empfiehlt, meinen Dreien pro Tag 2.200 Gramm davon zu geben. Ich gebe allen zusammen aber nur 1.200 Gramm, im Hochsommer noch weniger. Das heißt: Meine drei Kawenzer, die im Schnitt je 43 Kilogramm wiegen, kommen mit so wenig Vollnahrung aus, wie sie der Hersteller für einen 20 Kilogramm schweren Hund empfiehlt.

Was braucht ein Hovawart wirklich? Das hängt von der Größe, dem Alter, dem Drumherum ab: Ein Junger braucht mehr als ein Alter, ein Sportsfreund mehr als ein Sofawart, ein Dünnfelliger mehr als ein Dickfelliger, ein schlanker Blonder mehr als ein kompakter Schwarzer. Der Energiebedarf aller Säugetiere ist nicht nur einfach von der Größe und vom Gewicht abhängig. Er ist hauptsächlich vom Wärmeverlust des Körpers abhängig: Je kompakter (schwerknochiger) ein Hund gebaut ist, je dichter und je dunkler sein Fell ist, desto weniger Energie wird gebraucht, um die Wärmeverluste von innen nach außen wieder auszugleichen. Deshalb frisst ein langhaariger 40-Kilogramm-Hovawart nicht mehr als ein kurzhaariger, aber kräftiger 30-Kilogramm-Boxer und nur so viel wie ein feingliedriger, dünnhaariger 20-Kilogramm-Jagdhund.

Ein Familien-Hovawart im besten Alter mit artgerecht ausreichender Bewegung und Beschäftigung braucht je nach Eigen-Gewicht täglich höchstens:

Gewicht des Hundes	Menge Trockenfutter	Menge Feuchtfutter
25 - 35 kg	300 g	1.000 g
35 - 45 kg	400 g	1.400 g
45 - 60 kg	500 g	1.800 g

Verlassen Sie sich also bei der täglichen Rationierung nicht auf irgendwelche Fütterungsanleitungen. Verlassen Sie sich auf Ihren Hovi und auf die „Rippenprobe": Können Sie mit der flachen Hand jede Rippe noch einzeln spüren, dann war's nicht zu viel, was Sie gegeben haben. Entwickelt sich sein Rückgrat jedoch zum langsam, aber sicher scharf herauswachsenden Schwert, dann war's zu wenig. Dick-Sein ist ungesund, das weiß jeder. Aber Mager-Sein hat auch nichts mit Gesundheit zu tun.

Achtung: Magendrehung!

Gerade bei großen Hunden mit breiter Brust kann sich der schwer gefüllte Magen ganz plötzlich um seine Längsachse drehen. Magenausgang und -eingang sind dann zugeschnürt, Gase entwickeln sich, können aber nicht entweichen, der geschlossene Magen bläht sich auf, die Blutzufuhr wird abgedrückt und unterbrochen. Ihr Hund müsste innerhalb von Stunden und unter großen Schmerzen sterben, wenn ihm nicht ein Tierarzt mit einer Notoperation gerade noch helfen kann.

Achten Sie also darauf, dass Ihr Hund nach dem Fressen erst einmal mindestens zwei Stunden lang Ruhe hat. Geben Sie ihm sein Fressen immer erst nach dem Groß-Spaziergang und nach der Spielstunde. Oder besser: Verteilen Sie die eine große Mahlzeit lieber auf zwei kleinere - mit anschließender Ruhepause. Und achten Sie auch darauf, dass er jederzeit seinen Durst in kleinen Portionen stillen kann: Für den Magen und seine womög-

Wer mindestens zweimal am Tag mit seinem Hovawart tobt „bis zum Umfallen" braucht kein Sportstudio mehr. Foto: U. Schanz

lich gefährlich ins Pendeln kommende Schwere ist es egal, ob er voll ist mit Fressen oder voll mit Wasser.

In freier Natur, im natürlichen Rudel fressen Hunde nicht den ganzen Tagesbedarf innerhalb von zehn Minuten. Sie fressen hier mal ein Mäuschen und dort mal ein Vögelchen. Und wenn sie großes Glück haben, dann können sie sich den Magen auch voll schlagen. Aber Hunde fressen (schlingen) nicht für sich allein. Hunde haben einen „Sozialmagen". Das heißt: Sie verschlingen erst einmal alles - und verteilen das dann an weniger erfolgreiche Rudelmitglieder. Oder aber: Sie heben es für morgen auf. Ein Hundemagen ist sowas wie eine große Einkaufstasche. Die kann hund jederzeit stückchenweise leeren, wenn jemand einen Happen davon haben will. Wenn's Durcheinander gibt, kann hund die aber auch erst mal auskippen und dann später in Ruhe wieder einladen.

Bringen Sie also Ihrem Hovi von Anfang an bei, dass ihm erstens niemand sein Fressen streitig macht und dass er zweitens Zeit und Muße genug hat, um seine „Einkaufstasche" auszupacken und den Inhalt zwecks Verdauung ins Gedärm abzugeben. Geben Sie ihm sein Fressen immer dann, wenn auch Sie für zwei, drei Stunden Ruhe halten können. Ihr Hovawart ist ein ausgesprochen soziales Wesen, und wenn ausgerechnet Sie in seiner Essenspause immer wie ein Irrwisch durch die Gegend wimmeln, dann kann er nicht in Ruhe verdauen.

Haltung und Pflege

Hovawarte sind unternehmungslustige, arbeitsfreudige Hunde. Sie brauchen Bewegung und Beschäftigung. Mit einem geruhsamen Bummel an der Leine sind sie nicht zufrieden zu stellen, egal wie schön die Gegend ist. Und ein 20-Kilometer-Dauerlauf am Fahrrad macht sie höchstens körperlich müde, aber er lastet sie im Kopf nicht aus. Hovawarte brauchen Platz und einen Garten, in dem sie „Hofwart" spielen dürfen. Sie brauchen einen Garten, von dem aus sie die ganze Umgebung beobachten können und den sie den ganzen Tag lang umrunden, bewachen und verteidigen dürfen. Einen Garten, in dem Platz ist zum Gasgeben und Abbremsen, zum Auflauern und Überfall-Spielen. Und mindestens zweimal am Tag möchten Hovawarte hetzen, toben, rangeln bis zum Umfallen. Und dafür brauchen sie einen Kumpan, dem das auch Spaß macht.

Ein Hovawart-Halter, der keinen passenden Hundekumpan für seinen Kawenzer hat, muss also etwas aushalten können. Und er muss sich etwas einfallen lassen: Immer nur Stöckchenwerfen und Bällchenapportieren, das findet jeder ausgewachsene Hovawart sehr bald extrem langweilig. Ein netter Nachbar aber, der den Hovawart gerne mal für ein, zwei Stunden abnimmt,

Solche Sprünge sind nur erwachsenen und ganz gesunden Hunden erlaubt, denn sie gehen auf die Gelenke.
Foto: G. Abels

nützt überhaupt nichts: Erwachsene Hovawarte spielen nicht mit Rudelfremden. Sie spielen, wenn schon, nur im eigenen Rudel und dort auch nur dann, wenn kein Fremder weit und breit in Sicht ist. Ansonsten sind sie im Dienst und passen auf. Aber keine Sorgen: Richtig angefasst und volle Pulle durchgehalten, dauert das Toben nur zehn Minuten. Dann ist Hovi zufrieden und wendet sich wieder beschaulicheren Dingen zu.

Ein erwachsener Hovawart, der genug Ansprache, Bewegungsfreiheit und einen kontaktbereiten Kumpan neben sich hat, ist ein gesunder, pflegeleichter Hund. Achten Sie nur auf die kritischen Stellen hinter den Ohren und in den Fransen. Bürsten Sie ihn einmal die Woche durch. Suchen Sie ihn täglich nach Kletten, Zecken, Flöhen ab, und reinigen Sie ihm die Ohren, vor allem im Sommer. Irgendwann im Alter von zwölf bis18 Monaten sollten Sie mit ihm zur HD-Röntgen-Diagnose zum Tierarzt gehen. HD ist keine Krankheit. HD ist eine angeborene Missbildung. Sie kann ein Leben lang unaktuell und gar nicht bemerkbar bleiben. Bei falscher Haltung, bei zu viel, zu einseitiger Belastung kann sie sich allerdings zur Krankheit auswachsen. Richtig: Gut 90 Prozent aller VDH-Hovawarte sind ohne

Welpen-Freundschaften werden von Hunden in der Pubertät manchmal plötzlich aufgekündigt.
Foto: U. Schanz

Befund. Aber knapp zehn Prozent haben HD (leicht, mittel, schwer). Und niemand (in Worten: niemand) auf der Welt kann Ihnen garantieren, dass ausgerechnet Ihr Hovi nicht zu diesen zehn Prozent gehört.

Lassen Sie ihn also röntgen, zum Nutzen der Rasse und in Ihrem ureigensten Interesse. Dann wissen Sie, woran Sie sind. Dann könnten Sie zur Not noch gegensteuern und verhindern, dass aus einer leichten Missbildung eine schmerzhafte Krankheit wird. HD-belastete Hunde brauchen so viel freie Bewegung wie möglich, damit der Muskelapparat wächst und die behinderte Hüfte entlasten kann und gleichzeitig so wenig Zwang wie möglich: Hundesport, Marathon-Wanderungen an der Leine, Langlauf am Fahrrad sind für sie Gift.

Der Hovawart und sein Rudel

Im Alter von acht bis zehn Monaten kommt Ihr Hovawart in die Pubertät. Sie erkennen das daran, dass er sich von einem Tag auf den anderen Tag von Fremden nicht mehr anfassen lässt, dass er ganz plötzlich dem altbekannten Briefträger die Freundschaft aufkündigt, dass er Spielangebote von freundlichen Hundekumpanen mit einem arroganten Knurrer beantwortet, dass er - Vorsicht, Vorsicht - ohne jede Vorwarnung seinem alten Mobbinggegner die Harke zeigt, dass er Ihre Anweisungen nicht mehr einfach kindlich-fröhlich befolgt, sondern mitunter auch Ihnen gegenüber ziemlich pampig wird. Die Hovawart-Pubertät ist eine Krisenzeit. Gut, wenn Sie sich jetzt auf eine erfolgreiche Grunderziehung verlassen können. Sehr gut, wenn Sie gleichzeitig noch Fingerspitzengefühl, Konsequenz und Verständnis für Jung-Hovis Gemütslage mitbringen: Mit acht bis zehn Monaten ist jeder Hovawart dem Stand der Jungtiere entwachsen. Nun will er im Rudel als „Helfer mit bestimmten Rechten und Pflichten" anerkannt werden. Machen Sie es also genauso wie seine Eltern das täten: Akzeptieren Sie das einfach. Behandeln Sie ihn von Stund an nicht mehr als „meinen Kleinen", sondern als „meinen Helfer". Und schimpfen Sie nicht, wenn Jung-Hovi mit dieser neuen Rolle noch ab und zu Probleme hat, wenn er ab und zu überreagiert, aus der Rolle fällt. Bleiben Sie, egal was kommt, sein gelassenes, aber immer durchsetzungsfähiges Vorbild.

Kaufen Sie sich deshalb zunächst einmal eine Wasserpistole. Halbstarke Hovis sind mitunter ziemliche Rabauken. Sie regen sich wegen nichts und wieder nichts unheimlich auf und hören dann überhaupt nicht mehr. Mit Gewalt kann und sollte man ihnen aber in solchen Situationen nicht kommen. Gewalt erzeugt bei selbstbewussten Hunden immer Gegen-Gewalt. Und es wäre ein absoluter und nicht wieder gutzumachender Fehler, wenn Ihr aufgeregter Halbstarker ausgerechnet in dieser Krisenzeit lernt, dass er sich nur richtig ins Zeug schmeißen muss, und schon geben Sie mangels Reißzähnen und Muskelmasse nach. Gehen Sie also nicht in die Luft. Greifen Sie lieber zur Wasserpistole und spritzen ihm nach dem ersten scharfen „Nein!!!" eine volle Ladung

Zerrspiele sollte ein Kind nicht mit einem Hovi machen, er wird darauf bestehen zu gewinnen.
Foto: G. Abels

ins Gesicht. So merkwürdig sich das vielleicht anhört, es wirkt, obwohl ein Hovawart keiner Wasserpfütze aus dem Weg geht. Aber ein gezielter Schuss mit der Wasserpistole, der stoppt ihn erst mal und bringt ihn ins Grübeln. Ich habe seit 20 Jahren so ein Ding griffbereit liegen, und inzwischen muss ich nur noch danach greifen - dann ist Ruhe im Karton.

Und kaufen Sie sich zusätzlich für die Anwendung draußen im Garten oder in Feld und Flur eine Hundepfeife. Hovawarte sind sehr genaue Beobachter. Sie erkennen am Klang Ihrer Stimme, ob eine Situation Besorgnis erregend ist oder nicht. Hat Ihr Hovawart aber am Klang Ihrer Stimme festgestellt, dass Sie sich vor dem, was da kommen könnte, fürchten, dann wird er nicht eilig zu Ihnen zurückkommen. Dann wird er als Beschützer und Held, erst recht angreifen. Wenn Ihr Hovi also draußen Nachbars Fifi oder den Briefträger gestellt hat, dann kreischen Sie nicht hilflos hinterher, laufen Sie auch nicht spontan erst mal hin. Bleiben Sie, wo Sie sind, und pfeifen Sie. Und erst, wenn Hovi auf ihre Flötentöne reagiert, können Sie - ganz gelassen, aber durchsetzungsbereit - hingehen und ihn abholen.

Lassen Sie sich auch nichts einreden von den vielen selbst ernannten Experten auf den Hundeplätzen, die immer wieder warnen: „Jeder Hund hat sein Leben lang nur eins im Sinn: Er will in der Rudelhierarchie aufsteigen bis an die oberste Spitze. Jeder Hund will irgendwann Alpha-Tier werden und die Chefrolle übernehmen." Hunde waren und sind keine Nachkommen nördlicher Wölfe. Hunde waren und sind keine arktischen Großwildjäger im streng durchorganisierten Rudel. Sie waren und sind immer Abstauber und Opportunisten. Und das Einzige, was ein Hund, und damit auch Ihr Hovi, immerzu im Sinn hat, ist, dass es ihm gut geht und dass er das, was er haben möchte, auch bekommt. Versorgen Sie ihn also mit allem, was er braucht. Und zeigen Sie ihm dreimal täglich, dass er sich keine Sorgen machen muss, dass Sie da sind, aufpassen und alles fest im Griff haben. Spätestens mit zwei Jahren hat Ihr Hovi seine auch für ihn stressige Pubertätsphase hinter sich. Dann sind die Rollen verteilt, dann hat jeder seinen Platz und seine Aufgabe. Trotz ihres Temperaments sind Hovawarte in erster Linie immer noch Lagerhunde: anhängliche Sensibelchen, geborene Tagträumer, Sofawarte. Sie überlassen die Verantwortung für alles und jedes gerne einem anderen. Von sich aus sind sie gerne die geachteten Helfer von zuverlässigen, erfolgreichen Alttieren.

Der Hovawart und die Kinder

Ein Hovawart ist kein Kinderspielhund. Er sieht sich als Ihren erwachsenen Helfer. In seinen Augen sind Kinder immer „Jungtiere", auch wenn die Kinder selber das ganz anders sehen. Bringen Sie besser vom ersten Tag an Ihren Kindern bei, dass sie den Familienhelfer Hund respektieren müssen: seinen Schlafplatz, seinen Fressplatz, seine Unmutsäußerungen. Schützen Sie den Hund vor übergriffigen Kinderhänden, ehe der die Geduld verliert und sich nach Hovawartart selbst schützen muss. Bedenken Sie: Streit im Rudel, ernsthaften Streit gibt es immer nur zwischen Gleichrangigen - zwischen den Jungtieren oder zwischen den Helfern (Alttiere untereinander streiten sich nicht, die arbeiten zusammen). Ernennen Sie also Ihren Hovi sobald wie möglich zum Helfer, der in Ihrem Auftrag zuverlässig und selbständig die Jungtiere (Kinder) umsorgt und beschützt. Und bringen Sie den Kindern bei, dass sie diese Rolle des Familien-Hovis unbedingt akzeptieren.

Kinder, die sich von Mutter noch die Socken und von Vater den Kopf waschen lassen, können keine Hovawart-„Hundeführer" sein. Da hilft auch kein Junior-

Ein gesunder Hund ist kein Gesundheitsrisiko für ein Kind. Und vom Hundespeichel weiß man heute, dass er tatsächlich „heilt". Foto: G. Abels

Handling auf dem Hundeplatz. Unter Ihren aufmerksamen Alttier-Augen wird Ihr Hovi-Helfer sich natürlich zurückhalten - und Ihnen die Verantwortung überlassen. Aber kaum haben Sie ihn mit dem Kind allein gelassen, wird er sofort in Ihre Rolle schlüpfen und sich für das Jungtier verantwortlich fühlen, er kann gar nicht anders. Wenn dann irgendetwas passiert, was Hovi für „gefährlich" oder „nicht gut" hält, kann das ganz schnell zur Katastrophe führen.

Lassen Sie also Kinder und Hund nie unbeaufsichtigt, solange die Kinder ihre Jungtier-Rolle im gemischten Rudel noch nicht auswendig gelernt haben. Und schicken Sie auch den 15-jährigen nie (in Worten: nie) mit dem Hovi allein zum Gassigehen.
Halten Sie sich im Mensch-Hovawart-Rudel an die Hunde-Rudelordnung: Sie (und Ihr Partner) sind die Alttiere, Hovi ist Ihr „Erster Helfer", und die Kinder (egal wie alt) sind die Jungtiere. Ein Hovawart, den auch die Kinder als erwachsenen Helfer der Eltern akzeptieren und respektieren, ist ein gelassener, freundlicher Kinderhund und ein nimmermüder Beschützer. Sie können ihn, wenn diese Rudelordnung erst einmal sichergestellt ist, jederzeit mit den Kindern allein in Haus und Garten lassen: Ihr Hovi wird auf die Kinder aufpassen.

Vorsichtig müssen Sie nur sein, wenn Ihre Kinder fremde Kinder zu Besuch haben: Jungtiere (egal ob zwei- oder vierbeinig) streiten sich leicht und wegen nichts und wieder nichts. Wenn Sie nicht rechtzeitig eingreifen, könnte ihr Hovi sich bemüßigt fühlen, in Ihrem Namen und in seiner Funktion als Ihr Helfer, jetzt ein Machtwort zu sprechen oder seine „Welpen" gegen die Fremden zu verteidigen. Besonders vorsichtig aber sollten Sie sein, wenn Sie auf Kinder treffen, von denen die stolzen Eltern behaupten: „Ach, die/der hat keine Angst vor Hunden." „Keine Angst vor Hunden" heißt häufig genug „keinen Respekt vor Hunden". Das wäre dann wieder so eine Situation, die Ihr selbstbewusster Helfer erst einmal klären müsste.

Wegen der Hygiene brauchen Sie sich keine Sorgen zu machen: Hunde sind nicht unhygienischer als Menschen. Im Gegenteil: Menschen haben Schnupfen, Husten, Mandelentzündungen, Windpocken. Hunde nicht. Auch wenn Ihr Hovi ab und zu etwas „Unappetitliches" beschnuppert, vielleicht sogar aufnimmt - das Wechselgeld im Supermarkt, die Türklinken in der Schule sind viel unhygienischer als eine Hundezunge. Lassen Sie Ihren Familien-Hovi regelmäßig entwurmen und impfen (in dieser Reihenfolge). Und lassen Sie ihn die Kinder lecken. Ein Hund, der leckt, zeigt seine Freundschaft. Ein Hund aber, der nicht lecken darf, fühlt sich sehr schnell missverstanden und - abgelehnt.

„Des Hundes Zunge ist heilsam," sagte man früher. Meine Kinder wuchsen mit Hunden auf und ließen sich ihre zahlreichen Schürfwunden auch von den Familienhunden „versorgen". Nie hat sich eine von Hundezungen behandelte Wunde entzündet. Und das Enkelchen jetzt läuft auch nicht mehr zur Oma, wenn sie mal wieder zu hurtig war. Sie läuft zu Bessy, der alten Hovawart-Dame: Des Hundes Zunge ist nämlich nicht nur „heilsam", sie ist auch sanft und sie kühlt.

Der Hovawart draussen

Ein Hovawart, vom guten Züchter sozialisiert und vom guten Halter seit Kindesbeinen erzogen, ist ein angenehmer Begleiter überall. Gewöhnen Sie nur schon Ihren halbstarken Jung-Hovi daran, dass er auf Spaziergängen bei Ihnen bleibt, dass er „mitwandeln" soll, wie ein Herdenschutzhund mit der Herde:

Rufen Sie ihn immer wieder sofort zurück, sobald irgendetwas Neues kommt oder kommen könnte. Er wird sehr schnell lernen, dass er auf Fremdes nicht selbständig reagieren soll. Und er wird dann, wenn er glaubt Gefahr zu wittern, ganz freiwillig erst einmal zu Ihnen kommen. Bringen Sie ihm auch bei, ganz dicht bei Ihnen und ganz gelassen, an allem dem vorbeizugehen, gegen das er Sie so gerne verteidigen würde: Er muss lernen, dass es außerhalb des eigenen Rudels noch eine Welt gibt, und dass Sie durchaus das Recht haben, sich in diese Welt einzuklinken, und dass er nur die Pflicht hat, das gelassen zu ertragen: Er soll Ihnen nicht die Straße freiräumen. Er soll mitwandeln.

Ein erwachsener Hovi, der selbstverständlich und gelassen mit auf Einkaufstour geht, hat das schon als junger eingeübt. Foto: U. Schanz

Aber verlangen Sie von ihm bitte nicht das, was so häufig empfohlen wird, nämlich dass der Hund „absitzen" soll, wenn Herrchen/Frauchen an der Ampel stehen, mit fremden Leuten reden, am Marktstand Tomaten kaufen. Während Sie - hoch oben - ganz vertieft in Ihre Tätigkeit sind, tritt - ganz unten - womöglich ein trotteliger Zeitgenosse Ihrem braven Hovi auf den breit ausgelegten Fächerschwanz. Und so schnell können Sie gar nicht reagieren, wie Ihr Hovi sich das lautstark verbittet. Hovawarte sind selbständige Hunde und Kadavergehorsam ist ihnen fremd. Aber sie lernen schnell und gerne und folgen dann freiwillig. Hovawarte sind ideale Begleithunde. Das einzige Problem, das ein Hovawart-Halter draußen hat und behält, das sind die anderen Hunde.

Der Hovawart und die anderen Hunde

Hovawarte sind trotz ihres mitunter bis zu 30-prozentigen Schäferhundanteils Lagerhunde. Das heißt: Sie lieben „ihre" Menschen und misstrauen den anderen, sie schmusen mit „ihrer" Katze und jagen die andere, sie verteidigen „ihre" Amsel und scheuchen die anderen. Ein erwachsener Hovawart fühlt sich immer als Beschützer „seines" Rudels. Er duldet nicht, dass irgendjemand irgendeinem Rudelmitglied irgendwie zu nahe kommt. Und deshalb sind ihnen andere Hunde, die sich nicht an diesen strengen Verhaltenskodex halten, die einfach näher kommen, die spielen und rangeln wollen oder gar von weitem motzen, ein Graus. Sicherlich, auch erwachsene Hovawarte können Freundschaften mit anderen Hunden schließen, aber nur draußen auf neutralem Gelände, wo es nichts und niemanden zu erobern und zu verteidigen gibt. Sobald „das Rudel" oder „das Revier" ins Spiel kommt, sind Hovawarte im Dienst. Und als „mein Revier" kann ein Hovawart schon bald den täglich gleichen Spazierweg ansehen. Dann wird „sein" Feldweg, „sein" Park zu „seinem Garten", und jeder andere Hund, der sich dort aufhält, wird zum Konkurrenten, der vertrieben werden muss.

Laufen Sie also mit Ihrem Hovi nicht immer denselben Weg. Und wenn es denn

Was zur eigenen Familie, zu ihrem Haus, Hof und Garten gehört, lässt ein Hovawart in Ruhe - und wenn ihm die Hühner vor der Nase rumtanzen.
Foto: G. Abels

Selbst ihre besten Hundefreunde treffen Hovis lieber auf neutralem Boden, denn im eigenen Revier sind sie immer „im Dienst". Foto: U. Schanz

sein muss, dann bringen Sie Ihrem Hovi, sobald er in die Pubertät gekommen ist, bei, dass er sich fremden Hunden gegenüber genauso zu benehmen hat wie fremden Menschen: nämlich anständig. Dulden Sie in der Beziehung keinerlei Ausnahmen. Sobald irgendwo ein fremder Hund auftaucht, hat Hovi gefälligst erst einmal zu Ihnen zu kommen. Zu fremden Hunden darf Ihr erwachsener Hovawart erst Kontakt aufnehmen, wenn Sie und der andere Hundehalter sich absolut sicher sind, dass es gut geht.

Hovi-Damen sind in der Beziehung zu anderen Hunden häufig viel kapriziöser und humorloser als die Rüden. Ein Hovi-Rüde ist nur Rüden gegenüber misstrauisch, aber er akzeptiert und toleriert jedes Weibchen. Ein Hovi-Rüde, der eine Hündin angeht, der ist nicht ganz dicht im Kopf. Die Hovi-Damen aber können auch einem aufdringlichen Macho durchaus mit gebleckten Zähnen ins Fell gehen, und wenn der dann nicht auf Hovi-Rüdenart reagiert, dann ist mitunter wirklich „Holland in Not".

Hundegruppen, auf denen sachlich, konzentriert „gearbeitet" wird, sind mehr nach dem Geschmack des Hovi als wilde Spielrunden.
Foto: G. Abels

Seien Sie also mit Ihrem Hovi draußen erst einmal vorsichtig. Und seien Sie ganz besonders vorsichtig, wenn Sie merken, dass Ihr Gegenüber keine Ahnung davon hat, was ein Hovawart ist, und Ihnen nur fröhlich versichert: „Nein, meiner tut nichts, der will doch nur spielen." Hovawarte spielen draußen nicht, und sie spielen schon überhaupt nicht mit Fremden.

Außerdem: Wenn der Hund, den Sie draußen treffen, der ist, der Ihren schon zu Welpenzeiten einmal „verhauen" hat, oder der, der Ihren Hofwart draußen am Zaun mitunter angiftet, dann lassen Sie Ihren Hund an der Leine: Ein Hovawart vergisst nichts, absolut nichts.

Leine oder nicht Leine

Ihr Hovawart muss lernen, sich anderen Hunden gegenüber neutral zu benehmen. Das lernt er natürlich nicht zu Hause im Garten, das lernt er nur draußen in der Gegenwart anderer Hunde. Und deshalb gibt es heute, wo man ja Hunde nicht mehr ab Babybeinen einfach auf der Straße herumlaufen und lernen lassen kann, überall Hundevereine und Hundespaziergehgruppen, denen man sich mit Hund anschließen und in denen der Hund Hundeumgang lernen kann. Das ist an sich eine gute Geschichte. Sie sollten sich, solange Jung-Hovi die Pubertät noch vor sich hat, so einem Verein, so einer Gruppe auch anschließen. Wenn aber Jung-Hovi in die Pubertät kommt, müssen Sie vorsichtig sein:

Ein Hundeplatz-„Rudel", eine Gruppe wandernder Menschen mit Hunden, das ist aus Hundesicht kein Rudel. Das ist eine aus lauter unterschiedlichen Klein-Rudeln zusammengesetzte „Meute". Eine Meute aber entwickelt keine Rangordnung, die dann für Frieden im Inneren sorgt. Eine Meute hat nur eine Arbeitsfunktion. Ist diese Arbeit, diese Aufgabe erledigt, teilt sich die Meute wieder in lauter unterschiedliche, kleine Rudel auf.

Hundegruppen, Vereinen, die dieses Prinzip achten, können Sie sich mit Ihrem Hovawart durchaus anschließen. Vereinen aber, deren oberstes Ziel „das fröhlichgemeinsame Spiel nach getaner Arbeit" ist, denen sollten Sie lieber fernbleiben: Ihr Hovi wird nicht mitspielen. Und er wird sich auch nicht auf das Kommando: „Leinen los" ganz selbstverständlich in die spielende Meute einklinken.

Hovawarte sind keine Raufbolde. Nein. Aber besser Sie vergessen den üblichen „Experten"-Tipp, der lautet: „Kommt es zwischen zwei Hunden zum Kampf, dann

Hunde-Spaziergehgruppen schaffen gute Kontakte - und sie trainieren Umgänglichkeit.
Foto: U. Schanz

sollten Sie und der Besitzer des Rivalen die beiden Hunde ein einziges Mal ihre Rangordnung auskämpfen lassen. Hunde kämpfen Kommentkämpfe: Der Schwächere zeigt mit Demutsgebärde, dass er unterlegen ist. Der Stärkere akzeptiert diese Unterwerfung. Und danach ist dann zwischen beiden alles für alle Zeiten geregelt." Für die alten Bauernrekel-Hovis gilt dieser Tipp nicht: Hovi-Damen halten sowieso nichts vom Kommentkampf. Und Hovi-Rüden wollen den immer nur gewinnen.

Vergessen Sie also diese ganze Kommentkampf-Theorie (wenn's denn mal passieren sollte, ist alles sowieso schneller beendet, als Sie sich aufregen können). Und vergessen Sie auch den anderen Expertenrat, der besagt: „Angeleinte Hunde sind automatisch aggressiver als nicht angeleinte." Dieser Satz gilt nur für Hunde, die sich zu zweit mehr zutrauen als wenn sie alleine wären. Ein erwachsener Hovawart aber braucht keinen Helfer - er ist einer. Und er braucht auch keinen Schutz - er schützt selber. Ein Hovawart wird durch die Nähe seines Menschen nicht mutiger. Er wird gelassener.

Lassen Sie sich nichts einreden von den um Sie versammelten „Fachleuten". Auch wenn alle Schäferhund-, Setter-, Retriever-Halter die Nase rümpfen, nehmen Sie Ihren Hovi in unübersichtlichen, aufregenden Situationen besser an die Leine. Vermitteln Sie ihm das Gefühl, dass alles in Ordnung ist, dass Sie seine Hilfe nicht brauchen. Und suchen Sie sich eine Gruppe Gleichgesinnter.

Am passendsten für Hovawarte sind Gruppen, die erst mal einen ausführlichen, gemeinsamen Spaziergang machen, ehe sie sich irgendwo zum Abschlaffen oder auch „Arbeiten" niederlassen. So ein gemeinsamer Spaziergang, einfach zügig geradeaus, beruhigt die aufgeregten Gemüter. Binnen kurzem kennt jeder Rüde jeden anderen - und geht ihm aus dem Weg. Binnen kurzem hat jede Hündin jenen Tabukreis um sich und ihren Menschen abgesteckt, den sie braucht und den dann niemand mehr tangiert.

Solche Spaziergänge mit Gleichgesinnten machen Hovis und Haltern Spaß. Sie sind, auch wenn „gar nichts passiert", für Ihren Hovi viel aufregender und deshalb zufrieden stellender als jeder einsame Ausflug mit Ihnen allein, jede Übungsstunde auf dem Hundeplatz mit immer den gleichen Aufgaben. Sie trainieren Umgänglichkeit und Selbstbewusstsein - bei Hund und Mensch. Und das ist gerade in unserer hektischen, hundefeindlichen Welt ein nicht zu unterschätzender Gewinn.

Mit dem Hovawart auf Reisen

„Der Mensch muss ab und zu verreisen," singt ein Uralt-Schlager. Und ein Hovawart als intelligenter, neugieriger, unternehmungslustiger Hund, der tut das auch gerne. Verreisen ist sogar ein gutes Erziehungsmittel: Wenn für Ihren Hofwächter die Menschen langsam zu festen Einrichtungsgegenständen in seinem Revier werden, dann sollten Sie ihn ins Auto packen und einfach mal irgendwo anders hinfahren. Entziehen Sie Ihrem bodenständigen

Egal, ob Strand oder Schnee - wenn er nur mit dabei sein darf, macht ein Hovawart gerne alles mit.
Foto: Susanne Ploberger

Hof-Wächter einfach den Hof und den Alltag, und Sie werden staunen, wie schnell und vollständig er sich wieder auf seine Rolle als Ihr Helfer konzentriert, wie schnell er alle Aufmüpfigkeiten und Bräsigkeiten ablegt und nur noch Sie im Auge hat.

Reisen bildet auch Hovawarte: Je häufiger Sie mit ihm unterwegs sind, desto intelligenter, anpassungsbereiter wird Ihr Hund, desto einfacher wird der Umgang im Alltag mit ihm. Planen Sie also schon Jung-Hovi in alle Reisepläne mit ein, gewöhnen Sie ihn an Hotels, fremde Wohnungen, fremde Orte. Appellieren Sie an sein Herdenschutzhund-Erbe und lassen Sie ihn „mitwandeln" und aufpassen. Aber überfordern Sie ihn nicht:

Planen Sie Ihre Ausflüge, Ihre Reisen, Ihren Urlaub so, dass Ihr Hovawart immer irgendwo Platz, Ruhe und Schatten finden kann. Und wenn das nicht geht, dann planen Sie wenigstens lange im Voraus, wer für Hovi sorgt, wenn Sie verreisen. Gute Hundepensionen sind selten und teuer. Und egal wie gut die Pension ist, Ihr Hovi wird Sie vermissen und trauern. Besser ist, Sie finden Freunde, die Hovi zu sich ins Haus holen und die vielleicht sogar noch einen mit Hovi befreundeten Hund haben: Hundegesellschaft lenkt von der Trauer viel mehr ab. Noch besser ist, Sie lassen Hovi mitsamt einem Teil der Familie oder mit festen Freunden in seinem angestammten Revier. Er wird dort zwar auch warten, endlos warten. Aber er behält dort doch wenigstens seine gewohnte Umgebung.

Am allerbesten aber ist, Sie nehmen ihn mit. Sie schlagen damit zwei Fliegen mit einer Klappe: Zum einen können Sie Ihren Urlaub in Ruhe genießen, ohne dass Ihnen immerzu die bange Frage durch den Kopf geht: „Was Hovi jetzt wohl wieder anstellt? Wie es ihm jetzt wohl geht?" Zum anderen sind Hovawarte ausgesprochen angenehme Reisebegleiter. Sie reisen gerne. Sie schlagen ohne Probleme ihr Lager überall dort auf, wo ihr Mensch das seine aufschlägt. Und sie behalten dann, ganz selbstbewusst, gelassen und aufmerksam ihren Menschen und seine Habe immer im Blick.

Als ernsthafter Leistungssport ist Agility nicht die Erfüllung für den Hovawart. Dazu nimmt er diesen Spaß nicht ernst genug.
Foto: K. Vollberg

Ausbildung und Hundesport

Ein ausgewachsener Hovawart, der seit Babytagen gut erzogen wurde und sich in seinem Rudel als zuverlässiger Helfer respektiert und geliebt fühlt, der kann alles lernen. Mit dem können Sie sich auf jedem Hundeplatz zu jedem Ausbildungskurs sehen lassen. Für den ist die Ausbildung zum anerkannten „Begleithund" mit Unterordnung und Verkehrssicherheitsprüfung fast ein Klacks. Aber: Ein ausgewachsener Hovawart ist kein von sich aus

Schutzhundausbildung: Ein „Eindringling" ist gestellt und wird verbellt: Eine Übung, die kein Hovi lernen muss. Foto: G. Abels

begeisterter Spiel- und Spaßhund, dem allein schon die Bewegung wichtiger ist als alles andere. Immer im Zickzack um die gleichen Slalomstangen, immer mit Karacho in den gleichen Tunnel, wieder raus und um die gleichen Ecken, immer über dieselbe Hürde demselben Wurfholz hinterher und über dieselbe Hürde wieder zurück - das langweilt einen ausgewachsenen Hovawart binnen kurzem sehr. Und er wird sich sehr bald irgendwelche Varianten und Abkürzungen ausdenken, die - aus seiner Sicht - dazu führen sollen, dass Sie den Spaß am Spiel nicht verlieren und er wenigstens ab und zu seine Ruhe hat. Ein Hovawart-Halter, der ein begeisterter Agi-

Schutzhundausbildung: Der Hund muss den gepolsterten Ärmel auf Befehl fassen und auf Befehl auch wieder loslassen: eine Übung, deren Sinn selbständigen Hovis nicht immer einleuchtet.
Foto: G. Abels

Ende gut - alles gut. Aber bedenken Sie: Eine abgebrochene Schutzhundausbildung ist für Mensch und Hovi viel problematischer als gar keine.
Foto: G. Abels

lity-, Mobility-, Team Dance-Sportler ist, braucht also Humor und Einfallsreichtum.

Auch für die immer gleichen Unterordnungsübungen „Sitz - Platz - Fuß - Hier", die die Grundlage jeder Schutzhund- oder Obedience-(Gehorsamkeits-)Ausbildung sind, sind Hovawarte nicht die idealen Partner. Aus Sicht eines erwachsenen Hovis sind solche Übungen gut für alle unerzogenen, flippigen Kerlchen, die immer noch nicht wissen, was sich gehört. Er selber, der erwachsene Hovi, der braucht so etwas nicht. Er und sein Mensch sind sich ja sowieso immer einig. Und wenn sie doch einmal aneinander irgendetwas zu kritisieren hätten, dann sagen sie sich das. Einfach so und ohne Unterordnungsübungen und „Absitzen".

Außerdem: Der Hovawart ist zwar als „urdeutscher" Hund von „echt deutschen" Züchtern konzipiert und gezüchtet worden. Aber von den so genannten „alt-deutschen Tugenden" - Unterwerfungsbereitschaft, Arbeitseifer, Zackigkeit - hält er nicht viel. Und sich gar nach Vorschrift von einem

Feind verprügeln zu lassen, während er selbst hilflos, aber - wie es die Übung vorschreibt - freudig am Hetzärmel hängt, bis sein „Führer" ihn abruft, das geht ihm fast schon gegen die Natur. Klar, jeder Hovawart sollte lernen, auf Befehl und sofort einen gestellten „Eindringling" in Ruhe zu lassen. Aber „freudig" zubeißen und zerren, das sollte er nicht lernen. Es reicht völlig, wenn er - nach Hovawart-Art - den ungebetenen Fremden erst einmal mit Blicken und Drohgesten auf der Stelle festnagelt oder ihn - auch nach Hovawart-Art ganz sanft, aber fest beim Arm fasst.

Besser als allzu viel Unterordnung oder gar Drill, der jedem Hovi ganz schnell langweilig wird, sind Sportarten, die seiner Intelligenz, seiner Eigenständigkeit und seiner angeborenen Eitelkeit entgegenkommen. Geschicklichkeitsturniere mit immer wieder neuen Aufgaben für Mensch und Hund, die nur partnerschaftlich zu lösen sind, sind etwas Feines. Oder auch echter Turniersport: Hindernislauf mit Mensch, Geländelauf querfeldein über zwei oder fünf km. Sowas macht jedem Hovi Spaß: Da kann er neben seinem Menschen herlaufen, aufpassen, dass der nicht stolpert, aufmuntern, wenn der müde wird und ihn schließlich sicher und stolz ins Ziel bringen.

Wem so viel eigene Sportlichkeit nicht passt, der kann seinen Hovi auch zum Fährtenhund, Suchhund, Rettungshund oder Lawinenhund ausbilden lassen. Er sollte dabei immer nur zweierlei bedenken:

- Ein Hovawart ist ein eigenständiger, selbstbewusster Hund und kein Sport- oder Arbeitsgerät.
- Wenn ich meinen Hund zu meiner und zu seiner Freude von Experten zum Rettungshund (oder Ähnliches) ausbilden lasse, dann habe ich nachher nicht nur eine schöne Urkunde und ein gutes Gefühl. Dann habe ich eigentlich auch eine Verpflichtung übernommen.

Auch zur „Wasserarbeit" eignen sich Hovis sehr. Neufundländer-Freunde jubeln dann immer und sagen: „Seht, das hat er von seinen Neufundländer-Ahnen!" Aber alle großen Hirtenhunde sind mehr oder weniger begeisterte „Wasserratten" und geborene „Seenot-Retter". Die polnische Armee zum Beispiel hielt einheimische Podhalaner als „Wildwasser-Rettungshunde": Ging irgendeine Patrouille im reißenden Bergbach baden, dann sprangen die Weißen Riesen hinterher und holten die Menschen wieder ans Ufer. Auch Ihr Hovi kann so etwas lernen. Aber üben Sie vorher mit ihm das Nebeneinander-Schwimmen und das Abstand-Halten, ehe Sie mit ihm ins tiefe Wasser gehen:

- Jeder Hovi freut sich, wenn sein Mensch, der ansonsten immer mit hocherhobenen Kopf über ihm steht, sich plötzlich - aus was für Gründen auch immer - auf seine, die Hovi-Ebene begibt. Und er muss seinem Menschen diese Freude dann sofort und körperlich mitteilen.
- Jeder Hovi denkt, dass Menschen genau so wie er Arme und Beine zum Wassertreten, zum Im-Wasser-Laufen benutzen. Und so manche menschliche Wasserratte geriet schon ernsthaft in Seenot, weil die hundische Wasserratte hinter ihm nicht begriff, dass Menschen ohne ausgestreckte Beine nicht schwimmen können.

Cisco vom Mooswald (geb. 1993) ist ausgebildeter Rettungshund für die Flächensuche.
Foto: S. Ploberger

Üben Sie das also vorher - oder schließen Sie sich einem Neufundländer-Verein an, der das übt.

Auch zur Ausbildung zum Blindenhund bringen Hovis ein natürliches Talent mit: Mein blonder Riese Duki war ein begeisterter Igelkiller. Fand er nachts im Garten einen dieser stacheligen Gesellen, packte er ihn, schleuderte ihn hoch in die Luft, dreimal, fünfmal, bis das arme Kerlchen seine Igelstellung auf- und seine Weichteile preisgab. Duki war ein so begeisterter Igelkiller, dass er in diesen Momenten jede Erziehung vergaß und nicht mehr hörte. Ich hatte nur eine Chance, das Leben des armen Igels zu retten: Ich musste im Dunkeln irgendwie sein Halsband greifen, schütteln, die Augen fest schließen und - blind - zu ihm sagen: „Bring mich heim!" Dann brachte er mich heim, über Stock und Stein, Treppenstufen und Hindernisse. Ich durfte dabei allerdings nicht mogeln: Bekam mein „Blindenführer" das Gefühl: „Die ist ja gar nicht blind! Die guckt ja selber!", dann lehnte er jede Verantwortung für mich ab und konzentrierte sich wieder auf den Igel. Dass Hovis heutzutage so selten zum Blindenhund oder zum helfenden Therapiehund ausgebildet werden, liegt also nicht am Talentmangel. Es liegt an der landesüblichen Ausbildungsmethode, die vorsieht, dass so ein

Hund erst einmal ein Jahr lang in einer ganz normalen Familie aufwächst, dann in die Hundeschule kommt und erst im Alter von zwei Jahren fertig ausgebildet zu seinem zukünftigen Partner. So viele Besitzerwechsel aber kann man einem jungen Hovawart nicht zumuten. Ein Hovawart schließt sich wie alle Lagerhunde in Babyzeiten „seinem" Menschen an und will dann dort in „seinem Rudel" bleiben. Er lässt sich ohne Schaden zu nehmen nicht zweimal „umsetzen". Einen Hovi als Helfer müsste man sich also mit Hilfe von Experten selbst erziehen. Aber es lohnt sich.

Wenn Ihr Hovi mehr werden soll als „nur" Familienhund, stehen Ihnen alle Möglichkeiten offen. Sie können sich aus dem breiten Angebot der Vereine das aussuchen, was Ihnen am besten gefällt. Sie sollten dabei nur eins nicht vergessen: Ein erwachsener Hovi ist kein Meutehund, dem schon das Mitmachen allein Freude genug ist. Ein erwachsener Hofwart ist tief im Herzen ein Einzelkämpfer. Er möchte bei allem, was es zu tun gibt, immer im Mittelpunkt stehen. Er möchte Aufgaben gestellt bekommen, die er selber auf seine Art mit Geschick, Ausdauer und auch Mut lösen darf. Und dann möchte er von Ihnen dafür bewundert werden. Ein Hovawart will Verantwortung tragen. Zu viel Unterordnung, zu viel Drill mag er nicht. Dann kommt er ins Grübeln und denkt sich selbst was aus. Wie sagt man in Hovawart-Kreisen? - „Der Hovi kann das Denken nicht lassen."

Suchen Sie also für ihn und für sich eine „Arbeit", die sein Verantwortungsbewusstsein, seine Intelligenz - und seine Eitelkeit ansprechen. Lassen Sie ihn mitdenken. Und loben Sie ihn dafür. Das macht ihm Spaß und Ihnen auch.

Mit einem Hovawart draußen auf dem Hundeplatz oder im Verein haben Sie im Grunde nur ein einziges Handicap: die mitunter doch recht happige Arroganz und Unverträglichkeit dieser alten Hofwächter anderen Hunden gegenüber. Sie können und sollten diesem angeborenen Handicap von Anfang an gegensteuern, indem Sie erstens nur einen Welpen aus Familienaufzucht und nie aus Zwingeraufzucht kaufen und zweitens Ihren Hovi von Babybeinen an auf Verträglichkeit erziehen. Besser wäre natürlich, wenn die verantwortlichen Vereine schon bei ihrer Wesensprüfung und Zuchtauswahl mehr auf Umgänglichkeit und Toleranzfähigkeit achten würden. Besser wäre, die Vereine würden zum Beispiel die Schweizer Hovis nicht nur wegen deren Langlebigkeit bewundern, sondern auch die Schweizer „Erziehung zum Frieden" mit übernehmen: Ein zum Frieden erzogener Hovawart, der Verantwortung tragen und mitdenken darf, das ist der Traumhund an sich.

Lebenserwartung und Todesursachen

Unsere Altvorderen sagten: Ein Hundejahr entspricht sieben Menschenjahren. In der letzten Zeit ist diese alte Faustregel immer wieder hin und her korrigiert worden, bis von ihr nichts mehr übrig blieb. Beim Hovawart können wir uns trotzdem an sie halten. Unsere Altvorderen kannten nämlich den alten „Hofwart" sehr genau, und deshalb stimmt - unterm Strich und durchschnittsweise - die Gleichung: Ein Hovawartjahr entspricht sieben Menschenjahren:

Mit fünf bis sechs Monaten (etwa drei Menschenjahren) kommt Klein-Hovi in den Kindergarten: Nun muss er lernen, mit anderen „anständig" umzugehen, ab und zu ruhig „abzusitzen" und „bei Fuß" durch die Straßen zu gehen.

Mit zehn bis elf Monaten (sechs Menschenjahre) ist er „schulreif": Jetzt kann die Ausbildung losgehen, und mit zwei Jahren (14 Menschenjahre) hat er so viel gelernt,

Unternehmungslustige junge Rüden fürchten sich vor gar nichts und sind manchmal neugieriger, als es ihnen gut tut.
Foto: G. Abels

dass er - wenn's denn sein müsste - eigentlich einen Beruf lernen und selbst für sich sorgen könnte. Mit drei Jahren (21 Menschenjahre) ist er in der Höhe ausgewachsen, mit vier Jahren (28 Menschenjahre) im Kopf und mit fünf Jahren (35 Menschenjahre) auch in der Breite. Mit sechs Jahren (42 Menschenjahre) steht er in der vollen Blüte „seiner Kraft und Herrlichkeit".

Mit acht Jahren (56 Menschenjahre) hat er davon noch nichts verloren, ist aber an Erfahrung reicher geworden. Mit neun bis zehn Jahren (63 bis 70 Menschenjahre) drückt er dann eine ihm offensichtlich eingebaute „Energiespartaste" und richtet sich auf ein lustiges Rentnerleben ein. Mit zwölf Jahren (84 Menschenjahre) ist der Kopf noch ganz klar, aber die Kraft lässt langsam nach.

Und mit 14 Jahren (98 Menschenjahre) will er nun wirklich - so wie „Queen Mum" - nur noch in der warmen Sonne sitzen und das Leben genießen.

Hovawarte können (die Betonung liegt auf „können") alt werden, und die Chance der Hovi-Damen ist größer als die der Hovi-Rüden: Die Schweizerin Atuscha vom Lindental wurde gut 17 Jahre, ihre Tochter Eika fast 17 Jahre alt (119 Menschenjahre). Doch dieses biblische Alter ist bei Hovawarten - genauso wie bei Menschen - die Ausnahme, nicht die Regel.

Die Krisenzeiten

Dass die meisten Hovawarte in der Praxis nicht so alt werden, wie sie es nach der Theorie werden könnten, liegt an zwei Krisenzeiten, die sie genau wie wir Menschen durchmachen und die ihren Tribut verlangen:

Die erste Krisenzeit liegt zwischen dem zweiten und dem vierten Lebensjahr (14 bis 28 Menschenjahre), und sie trifft vermehrt die jungen Rüden. (Menschen-)Psychologen haben für diese Krise Fachbegriffe. Sie sprechen vom „Tomboy-Verhalten" („Was Jung-Tom jetzt schon wieder anstellt!") oder von der „Nachpubertären Risikobereitschaft". Unfälle, Verletzungen, Vergiftungen, Infektionen, Magendrehungen häufen sich gerade zu dieser Zeit, gerade bei unternehmungslustigen, neugierigen Was-kostet-die-Welt-Hovis.

Behalten Sie Ihren also in dieser Zeit gut im Auge, und dämpfen Sie mitunter seinen Unternehmungsgeist: Er traut sich (noch) mehr zu, als er (schon) kann. Es ist ja richtig: Ein Hovawart muss Erfahrungen sammeln. Aber um aus Erfahrung klug zu werden, dazu muss er sie erst einmal überleben.

Und dann gibt es da noch jene so rätselhafte „krankhafte Aggression", die offensichtlich ausschließlich junge, pubertierende Rüden befällt, die dann meist im Alter von zwei Jahren deswegen eingeschläfert werden. Diese seltsamen, unheimlichen Aggressionsanfälle, die sich die Halter selber nie erklären können, sind selten und kommen nicht nur bei Hovawarten vor. Typisch dafür ist der starre, nichts wahrnehmende Blick zu Beginn des „Anfalls" und dass der Hund nach dem „Anfall" von seiner Aggression offensichtlich nichts weiß und sich wieder ganz normal benimmt. In der Literatur spricht man von „Ideopathischer (selbsterzeugter) Aggressivität", vom „Adrenogenitalen Syndrom", von „Cockerwut bei Hovawart und Berner".

Bei den Hovawarten ist „Euthanasie wegen Aggression" selten. Es betrifft nur junge Rüden und nur 1,6 Prozent aller Hovawarte. Aber wen es trifft, den trifft es dann hart.

Die zweite Krisenzeit kristallisiert sich - wie bei den meisten großen Hunden - im „verflixten siebten Jahr" heraus. Es entscheidet, ob Hovi bald geht oder ob er noch ein Weilchen bleibt. Und wenn Sie Glück haben, kann dieses „Weilchen" dann noch einmal sieben Jahre dauern.

Allzu oft aber holen den Hovawart jetzt alte Leiden, unsichtbare Bedrohungen ein: Knochen- und Gelenkprobleme, Herz- und Kreislauferkrankungen werden jetzt virulent, und die Seuche unserer modernen Zeit, der Krebs, hält auch unter den Hovawarten Ernte: 19 Prozent alle Hovis sterben im „besten" Alter von acht Jahren an Krebs, 17 Prozent an Herzkreislaufgeschichten. Aber viele umschiffen all diese Gefahren: 33 Prozent aller Hovis sterben, alt und grau geworden, im Kreise der Ihren an „Lebensschwäche".

Wie alt wird ein Hovawart?

Das kann man so einfach nicht sagen. Manche (23 Prozent) werden noch nicht einmal vier Jahre. Viele (43 Prozent) müssen im Alter von acht bis zehn Jahren gehen. Aber jeder Dritte (34 Prozent) bleibt noch ein Weilchen, bis er/sie zwölf, 13, 14 oder älter geworden ist ...

Der alte Hovawart

Hovawarte sind - unterm Strich und im Durchschnitt - robuste und wenig krankheitsanfällig Hunde, und jeder Einzelne von ihnen hat eine gute Chance, richtig alt und weise zu werden. Halten Sie sich deshalb von Anfang an an die Vorgaben, die die Vereine aufgestellt haben: Lassen Sie ihn auf Hüftgelenksdysplasie röntgen, damit Sie wissen, ob und wie weit Sie ihn belasten dürfen, und gehen Sie regelmäßig mit ihm zum Impfen. Muten Sie dem jungen Kerl nicht zu viel zu: Knochen, Knorpel und Sehnen sind erst nach 18 Monaten ausgewachsen. Bieten Sie dem Ausgewachsenen genügend (möglichst) freie Bewegung und mindestens eine „Tobestunde" täglich. Füttern Sie ihn von Anfang an artgerecht. Und lassen Sie ihm nach jedem Fressen, wegen der gefährlichen Magendrehung, eine ausgiebige Ruhepause.

Alles, was Ihr Hovi braucht, um alt zu werden und gesund zu bleiben, ist ein bisschen Glück, Ihre aufmerksame Zuwendung und Ihre Nähe - täglich. Schenken Sie ihm beides vom ersten Tag an.

Irgendwann, im Alter zwischen neun und zehn Jahren drückt Ihr Hovi die ominöse „Energiespartaste": Er regt sich nicht mehr über alles und jedes auf, er prescht auch nicht mehr jeder Katze hinterher. Er hat noch alles fest im Griff, ja, und er lässt sich überhaupt kein X für ein U vormachen. Aber er geht jetzt alles etwas überlegter, ruhiger, „energiesparender" an. Und mit dieser Drosselung des Energieverbrauchs geht natürlich auch sein Energiebedarf zurück.

Wie Menschen mit Anfang 40, bekommen auch Hovawarte so ab sechs Jahren ihre ersten grauen Haare. Aber „Graubärte" sind sie deshalb noch lange nicht.
Foto: S. Ploberger

Füttern Sie dann entsprechend weniger: Wer weniger Energie verbrennt, braucht auch weniger Nachschub. Und wenn Ihr Hovi damit nicht einverstanden ist, weil er über die Jahre eine sehr feste Vorstellung entwickelt hat, wie voll sein Topf und wie voll sein Magen zu sein hat, dann geben Sie ihm einfach einen Löffel gekochten Reis ins Fressen oder zwei gepampte Kartoffeln.

Dass Ihr Hovi langsam alt wird, merken Sie aber nicht so sehr an seinem Verhalten. Sie merken es an kleinen Äußerlichkeiten: Er bekommt erst einen grauen Bart, dann eine graue Schnauze. Die leidigen „Grützbeutel" (Talgdrüsenverstopfungen, ein Hovawart-„Kennzeichen"), die Sie bisher nicht beachten mussten, können sich jetzt vermehrt entzünden. Alterswarzen kommen dazu, gutartige Adenome. Das stattliche Rüdenfell wird schuppiger, dünner. Hündinnen dagegen können so richtig rüdenhafte Unterwolle entwickeln, unter der sich vor allem im Sommer gerne Hautentzündungen breit machen. Nehmen Sie das alles gelassen. Denken Sie sich einfach: „Ich werde ja mit dem Alter auch nicht schöner." Eine Alterswarze, Schuppen, Haarausfall, Grützbeutel, das schadet der Vitalität nicht. Eine Narkose zwecks Behebung solcher „Schönheitsfehler" aber doch.

Behalten Sie Alt-Hovi im Auge. Kontrollieren Sie Fell und Haut, achten Sie auf sein Trink-, Fress- und Pinkelverhalten. Und wenn Ihnen irgendetwas nicht recht erscheint, dann doktern Sie nicht an ihm rum. Gehen Sie zum Tierarzt. Tierärzte können einen alten Hund nicht wieder jung machen. Nein, sicher nicht. Aber mitunter können sie genau zur rechten Zeit noch genau das Rechte tun.

Lange Spaziergänge querfeldein sind, wenn Ihr Hovi erst einmal die magische

Marke von zwölf Jahren erreicht hat, nicht mehr so sehr seine Sache. Laufen Sie dann lieber häufiger kürzere Strecken. Und laufen Sie, je älter Hovi wird, immer mehr über Beton. Ein alter Hund, der die „Energiespartaste" wirklich durchgedrückt hat, der läuft sich in Haus und Hof, in Feld und Flur nicht mehr die Fußnägel ab. Den muss man zum „Fingernägelschleifen" auf Beton führen.

Seien Sie bei Hitze mit ihm vorsichtig. Hovawarte sind sowieso nicht absolut hitzeverträglich, vor allem, wenn sie dunkelhaarig und dickpelzig sind. Und das nimmt im Alter noch zu. Muten Sie ihm auch nicht mehr so viel Neues, Aufregendes zu. Alt-Hovi will nicht mehr überrumpelt werden. Er braucht für alles Neue, Aufregende seine Einstellungszeit. Aber packen Sie ihn nicht in Watte: Auch ein alter Hovawart will noch am Leben teilhaben, will gucken, sich einmischen, schimpfen, genießen. Lassen Sie ihn.

Mit zwölf Jahren ist ein Hovawart noch nicht alt: Er hat noch alle Zähne, und er ist immer noch bereit, sie einzusetzen. Aber er wird alt. Und er weiß das. Noch mehr als früher sucht er jetzt Ihre Nähe. Und er schläft neben Ihnen richtig tief und zufrieden, so tief, wie er das früher nie tat. Missverständnisse, Streit zwischen Ihnen beiden gibt es nicht mehr. Nicht deshalb, weil Sie beide jetzt immerzu einer Meinung sind. Eher deshalb, weil Sie sich beide wie ein altes Ehepaar aufeinander eingespielt haben: Alt-Hovi kennt Ihre Macken und krittelt immer noch daran herum. Sie kennen Alt-Hovis Macken und haben sie längst akzeptiert. Sie sehen, Ihr aufmüpfiges Rekel, ihre temperamentvolle Petze ist ein abgeklärter alter Herr, eine alte Dame geworden. Aber sie sehen auch, der Durchsetzungswille, der bleibt, und der Charakter auch: Wen und was Hovi mag, das mag er. Wen und was er nicht mag, das mag er nicht. Bis zum Schluss.

Der irgendwann doch fällige Abschied

Jeder Hund, der geht, nimmt ein Stück des eigenen Lebens mit. Und je enger die Beziehung war, desto größer ist dieses Stück.

Es ist einfacher, einen alten Hund zu verlieren, der sein Leben schon gelebt hat. Man kann sich darauf vorbereiten, man geht das letzte Stück Weg zusammen. Man weiß, was kommt. Und wenn der Weg dann irgendwann zu Ende ist, ist es häufig auch Erlösung für alle. Viel, viel schwerer ist es, einen Hund in der Blüte seiner Zeit zu verlieren. Das Schwerste aber ist, seinen Tod selbst entscheiden, selbst herbeiführen zu müssen.

Es gibt Leute, die überlassen diese Entscheidung dann lieber dem Tierarzt. Es gibt Leute, die schicken einen unbeteiligten Dritten mit dem Hund auf diesen letzten Gang.

Tun Sie das nicht. Entscheiden Sie selber. Bleiben Sie bei ihm. Und rufen Sie dann, wenn Sie entschieden haben, den Tierarzt zu sich nach Hause. Ihr Hovi liebt Sie und sein Haus. Lassen Sie ihn in aller Ruhe zu Hause und in Ihren Armen sterben. Lassen Sie ihn nicht allein. Er hat Sie auch nie allein gelassen.

Wer lange mit einem Hovawart gelebt hat, mag nicht mehr ohne ihn sein.
Gegen massive Entzugserscheinungen hilft nur ein neuer, selbstbewusster Hund.
Foto: G. Abels

Und halten Sie die Kinder, die zur Familie gehören, nicht aus falscher Rücksichtnahme aus dieser Entscheidung raus. Kinder, auch ganz kleine, können Wahrheiten viel besser vertragen als Lügen. Lassen Sie die Kinder teilhaben und ihren treuen Kumpan noch einmal streicheln. Kinder sind nicht dumm. Dass ihr treuer Kumpan alt oder krank war, das haben sie gesehen. Zeigen Sie ihnen auch das Ende der Geschichte. Kinder gehen mit Tod und Leben viel vernünftiger um, als wir Erwachsenen das immer meinen.

Und wenn Sie noch einen anderen Hund im Haus haben, zeigen Sie auch dem, dass sein Kumpan tot ist. Hunde begreifen und akzeptieren das viel leichter als wir Menschen. Wenn sie allerdings nicht wissen, wohin ihr Kumpan gegangen ist, dann können sie das auch nicht begreifen. Dann suchen und suchen sie, tagelang, wochenlang. Und dieses verzweifelte Suchen kann Ihren sowieso noch belasteten Gefühlshaushalt dann ganz schnell an seine Grenzen bringen.

Überlassen Sie Ihren toten Freund nicht der „öffentlichen Tierkörperbeseitigung", die aus ihm Seife oder Tiermehl macht. Das Gesetzt erlaubt, dass Sie Ihren Hund im eigenen Garten begraben, solange Ihr Garten nicht in einem Wasserschutzgebiet liegt und keine öffentlichen Wege und Plätze benachbart sind. Sie müssen ihn nur unter einer Schicht von mindestens 50 Zentimeter Erde begraben. Und deshalb ist das Graben eines Hovawart-Grabes ein sehr anstrengender letzter Liebesdienst.

Wer keinen eigenen Garten hat, sollte Freunde fragen. Oder sich beim Tierarzt oder dem nächsten Tierschutzverein nach einem Tierfriedhof oder -krematorium erkundigen. Ein Hovawart, dieses alte Bauernrekel, braucht keinen Friedhof mit Grab und Gedenkstein. Aber Sie, und vor allem Ihre Kinder, Sie brauchen die Gewissheit, dass Ihr alter Freund irgendwo in Ruhe liegt und dass ihn in dieser Ruhe niemand mehr stört.

Trauer ist Trauer. Da beißt keine Maus einen Faden ab. Aber das beste Mittel gegen zu viel Trauer ist und bleibt ein neuer, junger Hund. Er wird den alten aus Ihrem Kopf und Ihrem Herzen nicht verdrängen. Nein. Aber er wird Sie ablenken und Sie beschäftigten. Er wird Sie auf Hundeart wieder mit der Ungerechtigkeit des Lebens versöhnen.

Anhang

Standard

Auszug aus dem FCI Rassestandard Nr. 190 vom 12.1.1998:

Allgemeines Erscheinungsbild

Der Hovawart ist ein kraftvoller, mittelgroßer, leicht gestreckter, langhaariger Gebrauchshund. Die Geschlechtsunterschiede sind vor allem an Kopfform und Körperbau deutlich erkennbar

Verhalten und Charakter

Er ist ein anerkannter Gebrauchshund zu vielseitiger Verwendung. Von der Veranlagung her ausgeglichen und gutartig, besitzt er Schutztrieb, Kampftrieb, Selbstsicherheit und Belastbarkeit, mittleres Temperament und eine sehr gute Nasenveranlagung. Seine harmonisch abgestimmten körperlichen Verhältnisse und eine besondere Bindung an seine Familie machen ihn zu einem hervorragenden Begleit-, Wach-, Schutz-, Rettungs- und Fährtenhund.

Kopf

Der kräftige Kopf hat eine breite, gewölbte Stirn. Der Stopp ist gut erkennbar. Der Nasenrücken ist gerade und bildet eine Parallele zum Oberkopf. Nasenrücken und Oberkopf sind etwa gleich lang. Die Augen sind oval. Ihre Farbe ist dunkel- bis mittelbraun. Die locker anliegenden dreieckigen Hängeohren sind hoch und weit auseinanderliegend angesetzt, den Oberkopf optisch verbreiternd. Ihre Spitze ist leicht abgerundet. In der Ruhestellung liegen sie flach an.

Körper

Der Rücken ist gerade und fest. Die Brust ist breit, tief und kräftig. Die buschig behaarte Rute reicht bis unterhalb des Sprunggelenkes, aber nicht zum Boden. Sie wird je nach Stimmung bis über den Rücken hochgeschwungen oder gesenkt getragen. Der Hovawart bewegt sich in allen Gangarten geradlinig und raumgreifend.

Haarkleid

Das kräftige Langhaar ist leicht gewellt und anliegend, mit wenig Unterwolle. Es ist länger an der Brust, am Bauch, der Rückseite der Vorderläufe, der Rückseite der Oberschenkel und der Rute. Am Kopf, an der Vorderseite der Vorderläufe und der Hinterläufe ist das Haar kurz. Das Haarkleid ist geschlossen.

Farbe

Den Hovawart gibt es in drei Farbschlägen: schwarzmarken, schwarz und blond. Einzelne kleine weiße Flecken an der Brust sowie einzelne weiße Haare an Zehen und Rutenspitze sind zulässig. Die Pigmentierung an Lidern, Lefzen und Ballen ist schwarz.

Schwarzmarken

Das Haarkleid ist schwarz und glänzend, die Farbe der Markenzeichnung ist mittelblond. Am Kopf beginnt die Zeichnung unterhalb des Nasenrückens und reicht um die Mundwinkel herum bis zur Kehlmarke. Die Punkte über den Augen sind deutlich sichtbar. Die Brustmarke besteht aus zwei nebeneinander liegenden Flecken, die miteinander verbunden sein können. An den Vorderläufen reichen die Marken, von vorne gesehen, von den Zehen bis etwa zum Vordermittelfuß. An den Hinterläufen ist, von der Seite gesehen, die Markenzeichnung unterhalb des Sprunggelenkes als breiter Streifen, oberhalb des Sprunggelenkes nur als schmaler Streifen sichtbar. Auch unterhalb des Rutenansatzes ist eine Markenzeichnung vorhanden. Die Zeichnung ist in allen Bereichen klar abgegrenzt.

Schwarz:

Das Haarkleid ist schwarz und glänzend.

Blond:

Das Haarkleid ist mittelblond, glänzend und wird zum Bauch hin sowie an den Läufen heller.

Widerristhöhe:

Rüde: 63-70 cm, Hündin: 58-65 cm

Ausschließende Fehler:

- Jede Abweichung von den vorgenannten Punkten
- Stark hündinnenhafte Rüden, stark rüdenhafte Hündinnen
- Aggressive, ängstliche, schussscheue oder lethargische Hunde
- Farben, die im Standard nicht beschrieben sind: graue, braune, weiße Flecken, dunkle Maske oder eine Einfarbigkeit, die nicht schwarz ist.

Adressen

Verband für das Deutsche
Hundewesen (VDH):
Westfalendamm 174 • D-44141 Dortmund
Tel: 0231 - 565 000 • Fax: 0231 - 592 440

Rassezuchtverein für
Hovawart-Hunde (RZV):
Geschäftsstelle Wallbergstr. 28
D-85221 Dachau
Tel: 08131 - 539 656 • Fax: 08131 - 539 658

Hovawart-Zuchtgemeinschaft
Deutschland (HZD):
Klaus Frey • Dorfstr. 29 • D-21376 Eyendorf
Tel: 04172 - 7217 • Fax: 04131 - 749 622

Hovawart-Club (HC):
Jens Kerl
Gut Sennickerode 6 • D-37130 Gleichen
Tel: 05592 - 1452 • Fax: 05592 - 1686

Österreichischer
Kynologen-Verband (ÖKV):
Johann-Teufel-Gasse 8 • A-1238 Wien
Tel: 01 - 888 7092 • Fax: 01 - 889 2621

Österreichischer Klub der
Hovawartfreunde (ÖKH):
Annedore Itze
Robert-Bach-Gasse 11
A-3001 Mauerbach • Tel: 01979 - 72 79

Schweizerische Kynologische
Gesellschaft (SKG):
Länggaßstr. 8 • CH-3001 Bern
Tel: 031-301 5819 • Fax: 031 - 302 0215

Schweizer Hovawart-Club (SHC):
Pierre Hartmann
Lindentalstr. 94 • CH-3067 Boll
Tel: 031 - 839 5953

Literatur

Beckmann, Gudrun und Beckmann, Susanne, 1994:
„Vom aufrechten Menschen zum Hundehalter"
TG Verlag, Gießen

Beckmann, Gudrun, 1999:
„Welcher Hund passt zu mir?"
Cadmos Verlag, Lüneburg

Beckmann, Gudrun, 2000:
„Der Familienhund"
Cadmos Verlag, Lüneburg

Bengeforth, Fritz, 1997:
„Der Hovawart"
Oertel und Spörer, Reutlingen

Birr, Ursula, 1997:
„Hovawart"
Falken, Niedernhausen

Blasius, Heidrun, 1997:
„Der Hovawart"
Kynos Verlag, Mürlenbach

Hansen, Inge, 1999:
„Todesfallstatistik und Lebenserwartung"
In: Unser Rassehund 3/99, 104

Jung, Doris,1981:
„Der Hovawart"
APV, Minden

Kejcz, Yvonne, 1999:
„Hovawart"
Franckh-Kosmos, Stuttgart

Kerl, Susanne, 1996:
„Hovawart"
Müller Rüschlikon, CH-Cham

Langheim, Gisbert, 1996:
„Bericht des Zuchtleiters: Das Wesen"
in: Unser Rassehund 6/96, 68

Niemand, Hans G. und Suter, Peter F.:
„Praktikum der Hundeklinik"
Parey, 1994

Obermark, Gabriele, 1983:
„Der Hovawart"
Franckh-Kosmos, Stuttgart

Räber, Hans, 1993:
„Enzyklopädie der Rassehunde" Bd. 1.
Franckh-Kosmos, Stuttgart

Rassezuchtverein für Hovawart-Hunde (Hrg.), 1988:
„40 Jahre Rassezuchtverein"